買ったら一生バカを見る金融商品

荻原博子

宝島社新書

まえがき

◎デフレ下で大切なのは「失敗しない」こと

もし、あなたがたくさんのお金を持っているなら、私は、投資を勧めます。お金に疎い方が投資をすると、たいていの場合は失敗しますが、それでもその失敗で学習したさまざまなことが、次の投資に大きく役立つからです。

人に勧められるがままに投資して失敗したこと、時期を読み誤って株価のピークで買って失敗したこと、思わぬ災害に見舞われて、儲かりそうだったのにあと一歩のところで失敗したこと。こうした失敗のすべては次の投資につながり、成功のチャンスを生むからです。

ただ、これは、失敗に耐えることができる人の話です。

投資に必要なのは、〝潤沢な資金〟と〝時間〟と〝情報〟と〝運用知識〟です。

〝潤沢な資金〟について、見てみましょう。

100万円で株を買って、値上がりすれば誰もが儲かりますが、値下がりしたときに、仮に50万円になったら、なけなしのお金で買った人はそれが100万円に戻るまで待ち続けないと損をしてしまいます。けれど、50万円になったときにさらに100万円分買える人は、株価が70万円に戻れば儲けが出ます。

つまり、〝潤沢な資金〟がある人のほうが儲かる確率が高いということです。


〝時間〟が必要だというのは、時間をかければ儲かる確率が高くなるからです。

例えば、1年後に子どもが大学に行くために用意しなくてはならないお金で、少し増やしておこうと株を買ったらどうでしょう。値上がりしていることもあるかもしれませんが、入学金の払い込み前に値下がりしたら、下がった価格で売らなくてはいけないことになります。ですから、マイホーム購入や子どもの入学資金や老後資金など、あらかじめ用意しておくべきお金を投資に回してしまうと、必要なときに慌てることになりかねません。

〝情報〟については、どうでしょう。

国民生活センターの投資に関するトラブルを見ると、未上場企業の株に騙されたとか、暗号資産で大損したとか、ＦＸのレバレッジが高過ぎたなど、そんな話が山のように出ています。必ず儲かるという株の情報を20万円出して買ったのに、値上がりしなかったなどというものまでありました。

つまり、結局は、自分で理解しないままに、いい加減な情報に振り回されて大損したということです。

もちろん、ビギナーズラックということもあるので、何にもしなくても勝つ人もいますが、それはごく少数。大部分の人は、無謀に投資したことを後悔することでしょう。なかには、投資に失敗したことで借金に借金を重ね、人生までも失ってしまう人もいます。

〝運用知識〟については、本書でそうならないために、素人が手を出さないほうがいい金融商品とその理由について書きました。

例えば、国が奨励し、メリットばかりが目立つｉＤｅＣｏですが、60歳になるまで引き出せないことの本当の意味をわかっている人がどれだけいるでしょうか。

人生には、予期しないさまざまなことが起きます。新型コロナウイルスのまん延もそうです。飲食店が開店休業状態になり、倒産を免れるためにお金が欲しいと思ったとき、自分のお金なのに引き出せないのがｉＤｅＣｏです。

ｉＤｅＣｏと同じように、国が奨めているのがＮＩＳＡです。

「儲かっても非課税」が売りですが、損したらどうなるのでしょうか。これについては、本文を読んでいただければと思います。

国民に満足な投資教育もせずに、こうした商品を買えという国の無責任さに、腹が立ちます。しかも、国の号令のもと、個人のお金を目指して多くの金融機関が群がっています。

ただ、こうしたなかで忘れないで欲しいことが2つあります。

1つ目は、今の日本は「デフレ」という状況で、「デフレ」下では、現金の価値が高いということ。もし、投資をするなら、「インフレ」という貨幣価値が目減りする状況になってからでもいいでしょう。

2つ目は、国も金融機関も「老後のために」といいますが、安心な老後というのは、今の積み重ねの上にあり、誰も30年後などは予想できません。予想できない以上、「30年後に増えている金融商品」など誰にもわからないはずです。

30年前、「老後のために家を買え」といわれ、今からすれば高金利でバカ高いマンションを買った人のなかには、売るに売れない、建て替えできない老朽化マンションと共に生きていかなくてはならなくなった人が多々います。けれど、それが「自己責任」で片付けられてしまう時代です。

今、なけなしのお金をどう守るべきなのか。本書が、少しでも大切なお金を守る一助となれば、望外な幸せです。

経済ジャーナリスト　荻原博子

買ったら一生バカを見る金融商品　目次

第一部　これだけは買ってはいけない

金融商品・保険・郵便局・マイホーム

✕金融商品　これだけは買ってはいけない

×保険　これだけは入ってはいけない

×郵便局　これだけは買ってはいけない

×マイホーム　まだの人は買ってはいけない

第二部 これだけはやっておこう

働く・年金・家計・貯蓄

働く これだけはやっておこう

○年金　これだけはやっておこう

家計　これだけはやっておこう

貯蓄　これだけはやっておこう

第一部

これだけは買ってはいけない

——マイホーム

——郵便局

——保険

——金融商品

金融商品 これだけは買ってはいけない

投資には、時間・お金・情報・知識が必要です。
しかし、どれもない人に向け、国と金融機関が結託し、投資へと導きます。
あなたの人生を台無しにするクズな投資商品を買ってはいけません。

「iDeCo《イデコ》」なんかおやめなさい！

投資商品を積み立てる「iDeCo」

2017年1月、それまで希望する会社だけが導入していた年金制度「401k」が、会社に企業年金のない会社員、自営業、専業主婦など現役世代のほぼすべての人に拡大されました。自分で出す掛け金を、自分で運用する個人型確定拠出年金で、通称「i《イ》D《デ》eC《コ》o」です。金融庁が「貯蓄から資産形成へ」の旗振り役となり、国民が自ら年金を作るべく、積極的に投資を勧めています。

iDeCoは老後に向けて毎月一定額を、あらかじめ選んだ投資商品で運用していくもので、簡単にいうと投資信託の積み立てです。iDeCoのメリットは、

①毎月の掛け金は全額所得控除になるので、所得税、住民税が安くなる
②運用中に出た利益には税金がかからない
③年金を受け取るときは、退職所得控除と公的年金等控除になる

普通に株や投資信託で運用すると利益に税金がかかりますが、iDeCoなら税金面でおトクというわけです。

国も無限大に税金を安くするわけにはいかないので、iDeCoには積立額の上

限があります。会社員で会社に401kのある人と公務員は年14万4000円まで、自営業は年81万6000円までが所得控除の対象です。

ここまでなら「iDeCoをやらなきゃ損」と思う人も多いと思います。けれども、本当にそうなのでしょうか。

60歳まで引き出せない「iDeCo」

iDeCoは節税になる半面、それを上回る大きなデメリットもあります。それは、**積み立てたお金が60歳になるまで引き出せないこと。**自分のお金であるにもかかわらず、必要なときに貯金のように下ろすことができません。

そもそも一般的なサラリーマンで、節税が必要なほど税金を払っている人はそう多くはありません。サラリーマンは転職するかもしれないし、リストラされるかもしれません。iDeCoは転職しても続けられますが、勤める会社の形態によって積立限度額が違ってきますし、会社にも報告して手続きをするという雑多な業務が発生します。また、今までの積立額を60歳まで維持できるかどうかはわかりません。

●iDeCoの概要

利用できる人	60歳未満（2022年5月から国民年金の人は60歳を過ぎても加入可能）		
非課税投資枠	第二号被保険者	公務員	月1万2000円（年14万4000円）
		企業型確定拠出年金と確定企業給付年金の両方がある	月1万2000円（年14万4000円）
		確定企業給付年金のみがある	月1万2000円（年14万4000円）
		企業型確定拠出年金のみがある	月2万円（年24万円）
		企業年金がない	月2万3000円（年27万6000円）
	第三号被保険者	専業主婦・主夫	月2万3000円（年27万6000円）
	第一号被保険者	自営業	月6万8000円（年81万6000円）
組み入れ商品	定期預金、保険、投資信託など		
資金の引き出し	原則60歳まで引き出し不可		
運用方法	積み立て方式		
税制優遇	拠出時	掛け金は全額所得控除（所得税・住民税）	
	運用時	運用収益は非課税（通常は20.315%の税金がかかる）	
	受取時	年金方式 公的年金等控除 一時金受 退職所得控除	

▶ **iDeCoは自分で運用する年金なので、**
年金が増えるか減るかはあなたの腕次第。

自営業者の場合は、仕事をしていく途中で資金繰りに困ることもあるでしょう。コロナ禍で泣いている飲食店や事業者がどれほど多いことか……。そんなとき、「そういえば、iDeCoに500万円ある」と思っても引き出せないので、高い利息を支払って銀行や信金から資金を借りなくてはならない事態が発生するかもしれません。

苦しいときは、老後の年金より、今すぐ欲しい現金のほうが、ずっと役に立ちます。

なお、自営業者には、仕事を辞めたときの退職金代わりとして、まとまったお金を手にするために積み立てる**小規模企業共済制度（年84万円まで所得控除）**があります。小規模企業共済には、事業が苦しくて資金が必要になったら、預けているお金を担保に低利融資の制度もあります。また、ペナルティはありますが、途中で解約することも可能です。

よほど儲かっている自営業者なら、小規模企業共済とiDeCoの両方に加入して節税するのはよいですが、そうでなければ小規模企業共済を優先したほうが、自営業者には使い勝手がよいでしょう。

公務員の年金に4階部分ができた

公務員にとってだけは、iDeCoはとても優遇された金融商品です。そもそも、会社員に401kが導入された際に公務員に導入されなかったのは、税金から給料をもらっている公務員が、民間人よりも大きい節税メリットを享受するのはおかしいという議論があったからです。

また、公務員にはすでに「年金払い退職給付」という、民間の企業年金にあたる年金があるので、ここにさらに上乗せして、企業年金にあたるものが公務員だけ2つになるというのも不公平だという議論もありました。

公務員の年金は、2015年10月から厚生年金と一元化されています。この裏事情には年金をもらう公務員の数が急増しており、このままだと現役の公務員だけでは支えきれなくなる可能性が高くなったということがあります。今のうちに安定している厚生年金と一緒にして、破綻しないようにするという魂胆です。

そうであれば、今までの積立金を持参金として厚生年金に差し出して、厚生年金同様に2階建てにするべきですが、そうはならず、積立金の一部で独自の「年金払い退職給付」という新しい年金を作り、公務員の年金だけは全員3階建てになっています。ここに、新たにiDeCoという4階部分を乗せて節税もできるようになりました。**知らないうちに自分たちに有利な制度を考え、公務員だけが手厚い優遇を受けていることを知りましょう。**

「iDeCo」には安くない手数料がかかる

またiDeCoには安くない手数料がかかります。

金融機関によって手数料は異なりますが、iDeCo口座を開設する際に3000円程度、口座管理手数料として年2000～7000円程度の手数料がかかり、口座から自動的に引き落とされます。税金が安くなるとはいえ、安くない手数料を払わなければいけないのは、どこか腑に落ちません。

年金が確実に増えるのならよいのですが、投資なのでそうとは限らず、現状維持でも、減っても、一定の手数料がかかります。途中で運用商品をチェンジすることはできますが、運用の知識のない人には難しいことでしょう。

60歳までの長期運用をする最中には、リーマン・ショックのような金融危機や東日本大震災のような大規模自然災害があるかもしれないのに、60歳になるまでは引き出すことができずに、手数料を払い続けるのです。

このコロナ禍にしても誰が予想できたことでしょうか。緊急事態にもかかわらず、自分のお金を解約することができないなんて、欠陥商品もよいところです。

国の口車に乗せられて元本保証のない積み立て投資を、コツコツ手数料を払いながら実行するのは、お金も時間ももったいない話です。

「NISA《ニーサ》」なんかおやめなさい！

「NISA」とは少額投資非課税制度のこと

「NISA《ニーサ》」の正式名称は、少額投資非課税制度といいます。NISAという金融商品があるのかとよく勘違いする人が多いのですが、NISAとは「NISA口座の中の資金でやる投資なら非課税にする」という制度です。

通常は、投資で儲かると利益に約20％の税金がかかりますが、NISAで取引すれば、値上がり益から税金が引かれません。配当金にも税金がかかりません。

NISAでの取引は、毎年120万円以内で買うことができ、5年間で最大600万円の投資額に対して非課税となりますが、5年間の非課税期間が終了したのちは、①運用益非課税で売却する、②課税口座に移す、③翌年の非課税枠に移す（ロールオーバー）、の3つの選択肢から処理をします。現在の制度では、ロールオーバーすれば最長10年まで非課税になります。

損失時の「NISA」は機能しない

NISAでの運用は値上がりしても税金を引かれず、100万円の株が120万円に値上がりして売ったら、値上がり分の20万円が丸々手取りになるので、普通に投資するよりもおトクだと思うかもしれません。けれども、**投資である限りは、値下がりすることも大いに考えられます。**

100万円の株が80万円に値下がりしたらどうでしょうか。多くの人は値下がりすると損を確定させたくないので、そのまま口座に放っておいて100万円に戻るのを待つ「塩漬け」という状態にしがちです。通常の証券口座なら、ずっと「塩漬け」にして100万円に戻るまで待って引き出すなら税金はかかりません。

ところがNISAは、5年なり10年なりで、損をしていても必ず引き出して損を確定しなければなりません。通常の証券口座に移してもよいですが、そのときの株価が80万円だったら、80万円で買ったということになります。そのまま「塩漬け」して、やっと買い値の100万円になったから売ろうとすると、20万円の利益となり、なんと約4万円もの税金が引かれます。NISAで始めてしまったばっかりに、実質的な利益はゼロなのに、税金だけを引かれるという理不尽なこともありうるのです。

国や金融機関は損をしたときのリスクについてはあまり説明をしてくれませんが、NISAで買ったものが値下がりすると、後々払う必要のない税金を払わせられる可能性があるということは覚えておきましょう。

教育資金を投資商品で貯めてはいけない

2018年1月から、「つみたてNISA」が始まりました。

通常のNISAは、年間120万円以内ならまとまった投資ができますが、つみたてNISAは、投資商品を毎月コツコツと買っていくというもの。上限額は年

●NISAの概要

	NISA	つみたてNISA
利用できる人	20歳以上	20歳以上
非課税期間	最長5年	最長20年
投資可能期間	2023年まで （2024年から新NISAがスタートする見込み）	2037年まで （2042年まで延長される見込み）
年間の非課税枠	年120万円 （5年で600万円）	年40万円 （20年で800万円）
対象投資商品	株式、投資信託など	金融庁が定めた基準を満たす 投資信託・ETF
投資方法	随時	積立方式
資金の払い出し	随時可能	随時可能
非課税対象	運用収益が非課税 （最長5年）	運用収益が非課税 （最長20年）
損益通算	不可	
金融機関の変更	年単位なら可能	

▸**通常のNISA**は、運用益が出ている間はいいが、収益が下がり、塩漬け状態にしたくても5年でロールオーバーになる。
また、通常の投資と損益通算ができないのも難点。

▸**つみたてNISA**は、長期投資だからといってお金が増えるとは限らない。値動きのある運用商品と積み立ては相反するもの！

40万円、最長20年間非課税で運用でき、投資対象商品は金融庁が定めた基準を満たす投資信託とＥＴＦ（上場投資信託）です。積み立てた資金はいつでも引き出して使えます。また、年間40万円以内ならボーナス月の増額も可能です。

月々少額の投資で、家計の負担にならずに長期間運用でき、さらに、非課税の複利効果でお金が増えやすいというのがウリで、老後はもちろん、子どもの教育費を貯めるのに向いているといいます。

けれども裏を返せば、**投資額に上限があり、商品ラインナップが限られており、通常の証券口座との損益通算ができないという、ほとんど自由度がないがんじがらめの制度です。**

しかも、投資商品である以上、目減りするリスクも当然あります。しかし、パンフレットにはどこにも目減りするリスクの説明は書かれていません。

例えば、二人の子どもを大学に入れるため、5年後に教育資金として300万円が必要なので、つみたてＮＩＳＡで準備するとしましょう。

銀行の積立定期で月5万円ずつコツコツ積み立てしていけば、5年後には確実に

300万円を準備できます。けれど、その5万円を投資に回したら、必ず300万円になるという保証はありません。運用が上手くいけばよいですが、株価が暴落したり、円高になって減ってしまったら、大学には一人しか行けないということにもなりかねません。

さらにご丁寧なことに「ジュニアNISA」(未成年者少額投資非課税制度)という制度もあります。こちらは年間の非課税枠が80万円、5年で400万円、18歳までは払い出し不可です。

孫のためにジジババのお金を狙ったものでしょうが、孫が大人になるまでジジババは元気で生きているでしょうか。また孫が大人になったときの日本経済はどうなっているでしょうか。

「投資」と「コツコツ積み立て」はマッチしない関係

「ドル・コスト平均法」に騙されるな

老後のための資産形成に国が用意したｉＤｅＣｏとつみたてＮＩＳＡの中身は、運用商品の積み立てです。ほかにも「るいとう」（株式累積投資）や「投信積立」「純金積立」など、コツコツ型が好きな日本人向けに、投資の積み立てがもてはやされていますが、そんなによいものでしょうか。

投資商品の積み立てには、２つの大きなリスクがあります。

①値上がりしていても、買わざるをえない
②続ける限り手数料を払わなくてはならない

投資商品の積み立ては、例えば毎月同日に月1万円支払うと、その日の価格が高くても安くても投資商品を1万円分機械的に買い付けていきます。

高いときに買うのはリスクです。このリスクを減らすためには1万円より下がったら買うけれど、1万円より上がったら買わなければいいのです。けれども、積み立て投資はこのような融通は利きません。

このやり方を「ドル・コスト平均法」で説明されるかもしれませんが、そんな売り文句に騙されてはいけません。

ドル・コスト平均法についてときどき質問を受けるので、少しだけ説明をします。

これは投資商品を購入する手法の一つで、「常に一定の金額で、定期的に買い続ける」というものです。商品の価格が値上がりしていたら買える量が少なくなり、値下がりしていたら多く買えるため、「長期間で均せば平均的な価格で買い続けられる」というのが理屈です。

一見、理に適っているように感じますが、逆をいえば、**安いときにたくさん買いたいと思っても買えないし、高いときは買いたくないと思っても買わなければなり**

ません。スーパーの売り出しを駆け巡っている人はわかると思うのですが、商品が安いときには買いだめしたほうがおトクでしょう。

コツコツ積み立てているだけでお金が増えるというのは幻想で、投資は**「安いときに買って、高くなったら売る」**ことを繰り返さなければ、儲からないのです。

コツコツ投資には手数料がかかる

投資商品の積み立てのもう1つのリスクは手数料です。銀行の預金に手数料はかかりませんが、投資商品は手数料をもらって運用しているので、投資家は必ず手数料を払わなくてはなりません。

手数料の大小は商品によって異なりますが、1万円を積み立ててもそこから手数料が引かれるので、1万円スタートではありません。**手数料分を回収したところから増えることになるので、手数料より高い運用利回りでないと意味がありません。**

投資信託の運用手数料である信託報酬が2%という投資信託もあり、よほどのいい成績の運用商品でないとお金は増えません。

コツコツ投資が貯蓄を目減りさせていく

このように「投資」と「コツコツ積み立て」はマッチしない、相反する概念です。切った張ったの、生き馬の目を抜くような投資の世界で、「コツコツ積み立てましょう」という概念は、プロから見れば赤子の手をひねるようなもので、バカバカしいやり方です。

今、儲けている投資家は「コツコツ」でも「時間をかけて」でもなく、**稼げるときにドンとお金を注入し、稼げるだけ稼いでサッと勝ち逃げしています。**そのために多くの情報を集めて、タイミングを計り、勝つための投資をするための努力を惜しみません。投資をするということは、このような投資家と同じ土俵で戦うということです。

チビチビやって損失を抑える手法なんて、軍資金が目減りするだけです。

今、世の中の動きはとても早く、コロナのような予測不可能なことも起こります。

こんなときは何にでも使えることができる現金を持つことがいちばんです。

元本から配当金を出す「毎月分配型投資信託」

投資初心者が勝手に勘違いする「分配金」

投資に興味がないのに、銀行や証券会社、郵便局の窓口や訪問販売で勧められ、周囲の人が分配金をもらって嬉しそうだから自分もやってみようかな……と軽い気持ちで始めるのが「定期分配型投資信託」です。売り文句は「運用しながら、毎月お小遣いがもらえるようなもの」「分配金をもらうことで元本を回収し、その分リスクが減る」「人気商品なので売り上げトップ10にいつも入っている」などで、とてもよさそうな投資信託に聞こえます。

分配金が年に4回以上出る投資信託を「定期分配型」といい、よく見かける「毎月分配型」は1カ月ごとに決算を行い、分配金が出るタイプ。「毎月分配型」と「毎月決算型」はイコールで、**投資信託の名前の中に（毎月分配型）と表記されています。**なかには、年金支給のない奇数月に分配金が出るよう設計されたものもあり、「年金生活者に使い勝手がよいですよ」と説明されることもあります。

なぜ、これほどまで人気があるのかというと、例えば、ある高齢者が買った毎月分配型投資信託は、最初に1000万円分を購入すると毎月約1万円の分配金がもらえるので、年12万円が銀行口座に振り込まれています。銀行に1000万円を預けても1年で200円の利息しか付かないのですから、通帳に振り込まれた年12万円はとても魅力的に見えるでしょう。

通常なら超低金利時代の今、こんなに多くの分配金が出るのは怪しいと疑うはずなのですが、銀行や郵便局で売っているし、みんなが買っている人気の商品だから**「赤信号、みんなで渡れば怖くない」**の心理が働き、投資初心者が勝手に「大丈夫だ」と勘違いしてくれることを狙っているのです。

最初から分配金が出るように設計されている

投資とは値動きのある金融商品を買うことなので、元本が増えることもあれば、減ることもあります。しかし毎月分配型投資信託は、運用成績がよくても悪くても、最初から分配金を出すことを目的として設計されています。分配金は一見、魅力的に見えますが、**預金の利息とは異なり、収益が出ない場合は元本から捻出されるのです。**

つまり、分配金はあなたが投資した元本から出ています。

このことを金融業界では〝タコ配〟（タコ足配当）といいます。

〝タコ配〟とは、運用益がないのに配当を行うことで、資産の売却や積立金を取り崩すなどして配当資金を調達することです。「毎月分配型」と聞いたら、タコが自分の足を食べていることを想像してください。

そもそも、お金を増やしていきたければ、運用して得た利益は再投資をする複利の考え方が基本です。けれども毎月分配型は先に分配金をもらってしまうので、運用効率が下がります。

●利息と分配金の違い

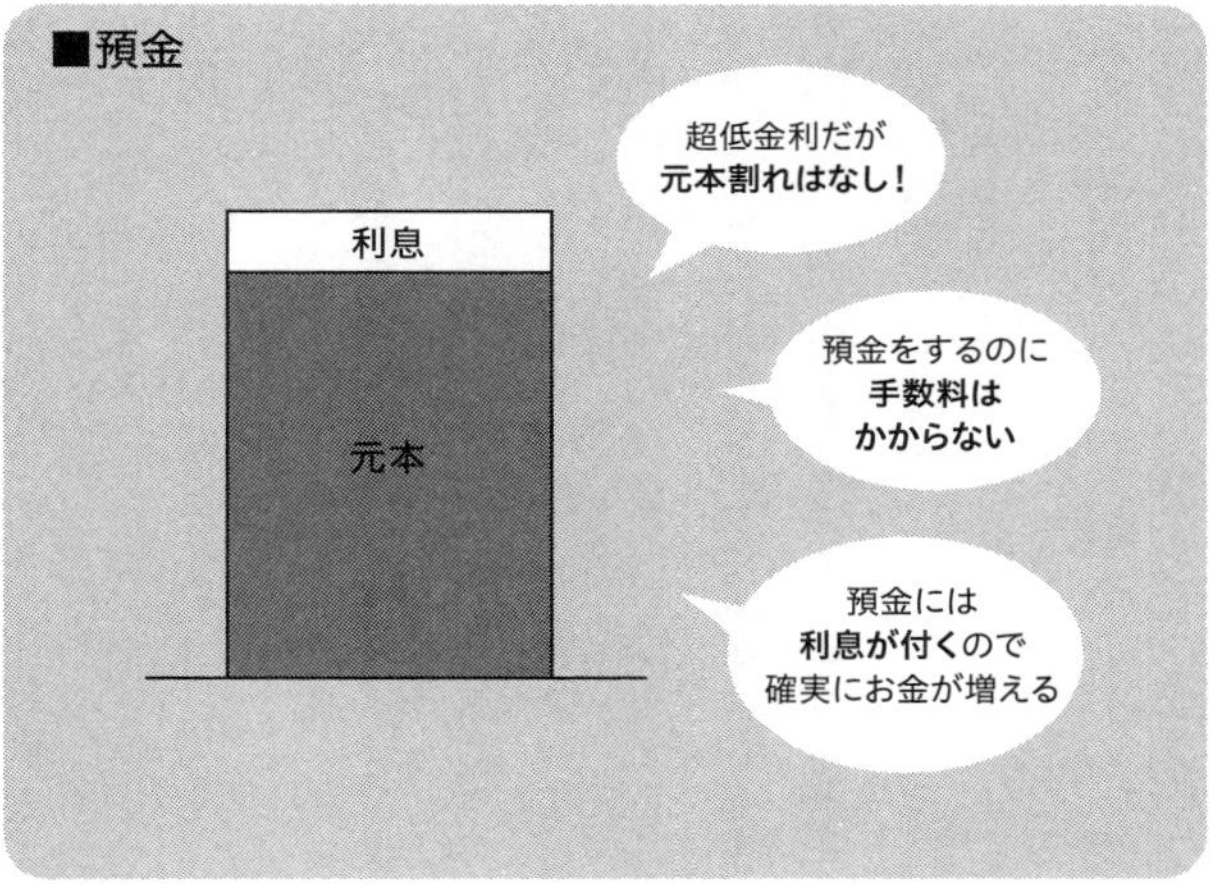
■預金
超低金利だが
元本割れはなし！
利息
元本
預金をするのに
手数料は
かからない
預金には
利息が付くので
確実にお金が増える

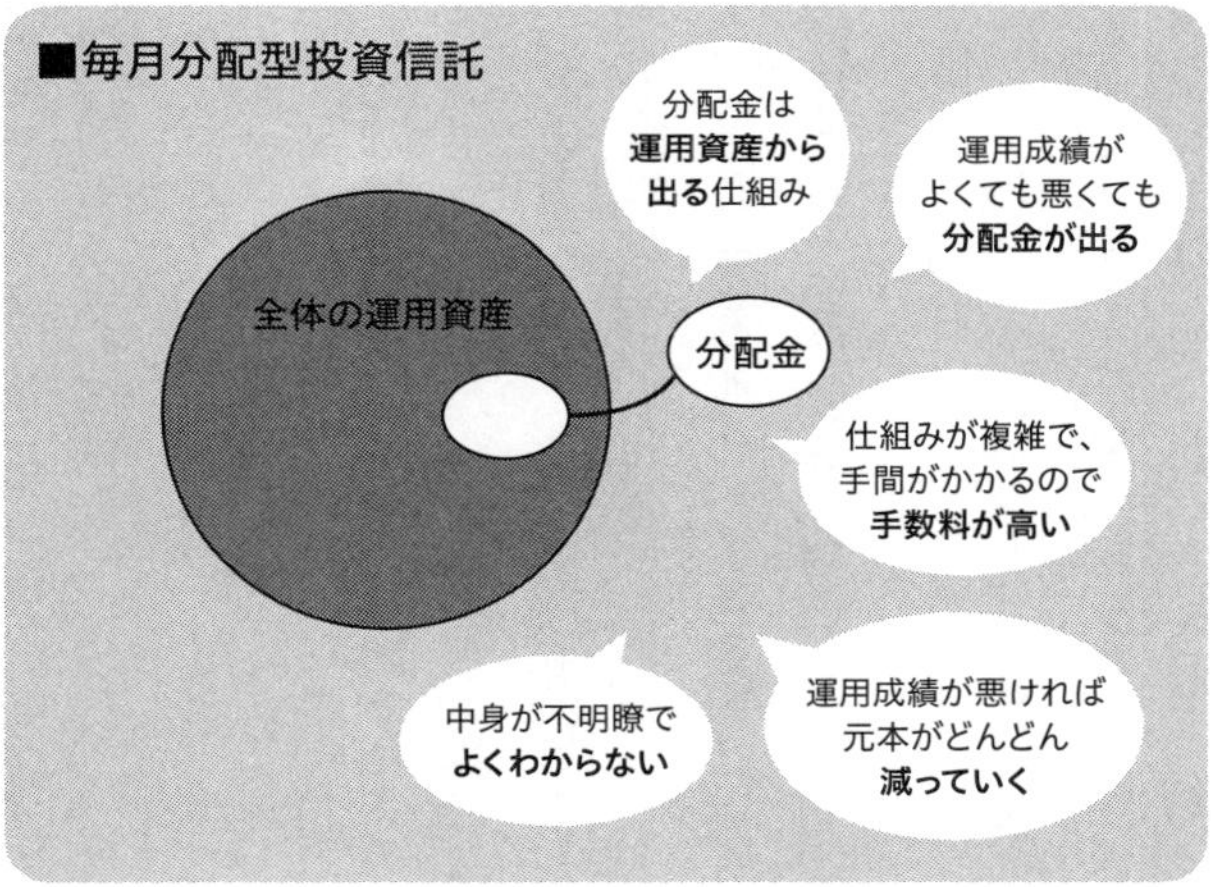
■毎月分配型投資信託
分配金は
運用資産から
出る仕組み
運用成績が
よくても悪くても
分配金が出る
全体の運用資産
分配金
仕組みが複雑で、
手間がかかるので
手数料が高い
中身が不明瞭で
よくわからない
運用成績が悪ければ
元本がどんどん
減っていく

つまり、この手の商品はいくら投資しても分配してしまうので、いざ、売却するときにお金が減っているケースのほうが多く、「こんなはずではなかった……」という状況になるのが目に見えるようです。

手数料も税金もバカ高い商品

毎月分配型投資信託を買うには2～3％の購入手数料がかかり、運用手数料である信託報酬は年1～2％かかります。毎月、分配金を出すために複雑な計算をし、銀行口座に分配金を振り込む手間を考えると、手数料が高いのは当たり前です。

また分配金には約20％の税金がかかります。例えば分配金を500円もらったら、100円の税金が引かれます。これを20年も続けたら、受け取るお金の5分の1は税金に持っていかれることになります。

つまり毎月分配型は、分配金を先にもらうことで複利効果が得られず、**買うにも手数料、保有するにも手数料がかかり、さらに税金も毎月払い続けていくので**、自らお金を増やすことを放棄しているような投資信託です。

今、持っている人は売却しなさい

毎月分配型投資信託は購入して1カ月で分配金が出るので、通帳を見てニンマリしている人がいるかもしれません。けれども、それはあなたが払った元本から出ているお金なのを忘れないでください。

また、この商品は対面販売が多数を占めるので、高齢の親が知らないうちに郵便局や農協などから買っていないか確認したほうがよいです。

もし、すでに毎月分配型を買ってしまった人がいたら、買ったときと今の基準価額を比べてみましょう。今時点で利益が出ていても、その利益はすぐになくなるでしょう。損をしていたら、この先、盛り返すことはほぼないでしょう。

運よく利益が出ているのなら、今のうちに**売却して、スッパリ縁を切る**ことをお勧めします。

成長するかどうかは微妙「新興国株式ファンド」

カッコイイ名前に騙されないで

「新興国」というと聞こえはよいですが、言い換えれば「発展途上国」「開発途上国」のこと。ゴールドマン・サックス証券が2000年代以降に成長著しい経済発展を遂げた国として「BRICs《ブリックス》」(ブラジル、ロシア、インド、中国)をあげ、現在は南アフリカを加えた新興国の企業の株式に投資するのが「新興国株式ファンド」です。それぞれの国の株式単体に投資する投資信託もあります。

新興国、ブリックスというカッコイイ名前が投資家たちをその気にさせたことに味をしめ、「アジア新興国株式ファンド」(マレーシア、タイ、インドネシア、フィリピン）だの、「NEXT11株式ファンド」（ベトナム、韓国、インドネシア、フィリピン、バングラデシュ、パキスタン、イラン、エジプト、トルコ、ナイジェリア、メキシコ）など、経済が危なっかしい国の株式をパッケージにした投資信託も普通に店頭やネットで売られています。

何が起こるかわからない怖さがある

新興国株式ファンドは、ハイリスク・ハイリターンの代表選手です。

日本にいながら、成長著しい国の企業に投資できるのはよいと思うかもしれませんが、新興国は政治も経済も不安定で、この先成長するかは予測が難しく、何が起こるのかわからない怖さがあります。「伸びしろがある」という売り文句は、まやかしであり、その国の企業の株式に投資をするのはギャンブルのようなものです。

多額の資金があって、投資金が半分に減ってしまってもいいような富裕層なら、新興国の成長に賭けてもよいですが、今、お金がなくて、将来のためにお金を増やしたい一般人は買わないほうが無難です。

銀行の〝あざとさ〟が見える「セット売り商品」

定期預金の利息は投資信託の手数料で吹き飛ぶ

銀行の定期預金に1年間100万円を預けても、20円しか利息の付かない超低金利時代に、1％以上の金利が付く商品があります。銀行のショーウィンドーに、「定期預金金利1％」と大きな文字で書かれたポスターを見たことがあるでしょう。そうした商品のほとんどは、高金利な定期預金と投資信託や外貨預金をセットにして売っているはずです。

銀行は、手数料がそのまま利益になる投資信託や外貨預金を売りたくてたまりません。そこで滅多に見ることのできない高金利を定期預金に短期間付けたものをセットにすることで、投資に興味のない人に運用商品を売ろうとしています。

某信託銀行のセットプランのポスターには「円定期預金100万円、投資信託100万円を買うと、円定期預金の金利が年1％」と書かれています。しかし、よく見ると「預け入れ期間3カ月プラン専用金利」と小さくあります。これは、**3カ月だけは年1％の金利が付くけれど、4カ月目からは通常金利の0・002％になります**、ということです。

単純計算をすると、100万円の年1％の金利が3カ月間適用なので、利息は2500円、ここから税金を引かれるので、手取り利息は2000円です。

また、この利息をもらうためには、決められた種類の中から投資信託を100万円分買わなければなりません。セットの投資信託は、販売手数料と信託報酬が高いものが多く、販売手数料2％のものを買うとなったら2万円かかります。

つまりセット売り商品を買うのに、投資信託の販売手数料2万円をその場で払い、3カ月後、預金の利息が2000円付くというセットの商品です。

さらに、定期預金1％の金利は3カ月間で終わりますが、購入した投資信託にはその後、毎年、運用手数料である信託報酬が1〜2％かかります。

銀行にとって投資信託はノーリスク

途中でこのカラクリに気がついた人に対して、窓口の担当者はきっとこういうでしょう。「投資信託が大きく値上がりすれば元本が増えるので、手数料分はすぐに回収できますよ」と。この売り文句には銀行員の〝あざとさ〟が見え隠れして、嫌悪感さえ覚えます。もちろんその裏には、値下がりすれば大きな損失が隠れていま す。銀行は売ってしまえば終わりなので、そんなことは知ったことではありません。

銀行にとって**投資信託は、売れば確実に手数料が入る収益商品です。投資信託を購入した人はリスクを抱えることになりますが、銀行はノーリスクで儲けられるおいしい商品です。**「定期預金金利1％」はウソではないので、おトク感をチラつかせながら、あの手この手を使って運用商品を強力に勧めてくるでしょう。

同様の商品に定期預金と外貨預金とのセットもありますので、注意してください。

預金と投資商品をセットで買ってはいけない

定期預金の高金利に引かれて、欲しくもない投資信託を保有し、その投資信託の成績が振るわず元本割れとなったら目も当てられない結果になります。

預金は預金、投資は投資。まったくの別物をセットで買っても、ちっともおトクにはなりません。

この超低金利時代に、「特別金利」「キャンペーン金利」「金利優遇」と銘打つものは、それなりの理由があります。**高い金利は要注意**であることを肝に銘じ、甘い話には最初から近づかないでください。

「仕組み預金」は銀行に都合のよい預金商品

デリバティブで運用する預金商品

「仕組み預金」とは、定期預金と並ぶ銀行の預金商品です。「預金」というと安心してしまいがちですが、中身はデリバティブ（先物取引、オプション取引、スワップ取引などリスクの高いもの）を組み入れたもので、預け入れ期間は10年以上、同じ銀行の定期預金よりも金利が高いのが特徴です。

某ネット銀行の仕組み預金の金利は、10年満期で当初1年間は0・001％、2年目は0・002％、3年目は0・003％と徐々に上がっていき、9年目は0・009％、10年目は0・01％です。メガバンクの1年定期の金利が0・002％なので、若干金利が高くなっています。

途中解約すると元本割れのペナルティ

パッと見は、長期間使う予定のないお金なら預けたくなる商品ですが、小さな文字の注意書きを読んでみると、「金融機関の判断で満期日が延長、もしくは短縮されることがあります」「為替変動などにより、条件が途中で変わることがあります」「途中解約すると、元本割れすることがあります」などと書かれています。

つまり、**仕組み預金の満期日は銀行が決めるものであり、途中解約をしようものなら、預金者にペナルティを課す（元本割れ）**という商品です。満期までの10年間も解約できないとは、自分のお金を人質に取られているような預金です。

微々たる金利を得るために、先行きが不透明なリスクを受け入れるのは、割に合いません。説明を読んで内容が理解できない人は、いくら名前に「預金」と付いていて、金利が高めでも預けないほうがよいでしょう。

手数料をコツコツ払う「純金積立」で金持ちにはなれない

コロナ禍で価格が上がった有事に強い「金」

「金《ゴールド》」は価値ある現物資産として世界中のマーケットで取引されており、どこでも換金できます。また、戦争やテロなどの軍事的な有事が起こりそうになると、政治・経済が混乱し、世界経済の先行きの不安感が高まることから、金の価格は上がる傾向があり、「有事の金」とも呼ばれています。

２０２０年８月、金先物相場が史上初めて1グラム７０００円を突破しました。ここ10年、価格は３５００円から６０００円の間で推移していましたが、新型コロナによる経済不安の高まりを背景に「有望な資金の逃避先」として金の人気が急上昇したのです。

高い手数料をコツコツ支払う

多くの人にとって金は憧れの財産です。しかし、現在、1キロの金の延べ棒は700万円前後で、一般人には縁遠い価格です。

そこで、手軽に金を買える仕組みとして「純金積立」があります。「月3000円程度からコツコツと少しずつ金を買っていく」方法で、いかにも手軽に聞こえますが、金は積み立てではなかなか増えません。

純金積立の販売手数料は毎月1・5〜3％かかり、さらに、年会費や引き出し手数料、売却手数料、配送手数料など手数料のオンパレードで、**積み立てを続ける限り、コツコツと手数料を払わなければなりません。**当然ですが、金をずっと持っていても利息は付きません。

もし、〝金《カネ》〟持ちになりたいなら積み立てでなく、**現金でおカネを貯めてから安いときに金に交換するのがよいでしょう。**

「FX」はギャンブル。あっという間に大損をする

為替のコンマ下2ケタの値動きを狙う商品

元来、外国為替市場は為替トレーディング会社にいる為替トレーダーという限られた人たちだけが参加できる市場でしたが、「FX」という金融商品が開発されたことで、個人投資家も参加できるようになりました。

FXはネットを駆使し、ドルやユーロ、はたまたトルコリラや南アフリカランドまで、2つの通貨を組み合わせた為替の動きを使って利益を狙う投資です。「これから上がりそうだ」と思う通貨のリスクをとり、その通貨が思う通りに上がれば利益が出ますが、予想が外れて逆の動きをすると一瞬で大損をします。「これから下

がりそうだ」と思ったら、先に通貨を売ってから買うこともできる投資です。為替レートのコンマ下2ケタの小さな値動きをつかまなければならないのですが、為替レートの短期間の動きを予測するのは専門家でも難しいものです。

FXは「即買って、即売る」のが鉄則。パソコンの前に絶えずへばりつき、ゲームのように短期売買を楽しむのが目的ならよいでしょう。

「レバレッジ」も「スワップ・ポイント」も危険な手法

FXの売り文句に「担保となる資金にレバレッジをかけて、何倍もの金額で取引できる」があります。テコの原理を使い、小さな力を大きくできるという説明は優れているように聞こえますが、これは**「給料を前借りして、ギャンブルをするようなもの」**と言い換えることができます。

また、高金利通貨を買い、金利差益から生じる「スワップ・ポイント」を利息収入のように説明する売り文句もありますが、これは為替レートが動けば、即、飛んでしまうような代物なので、いずれにしても素人は手を出してはいけません。

「仮想通貨」は実態のないゾンビマネー

実体のないネットのみの財産的価値

ＦＸの登場で、素人が為替市場に入り込むようになり、破綻への道を歩む人が増えている……と思ったら、今度は暗号で取引をする「仮想通貨」（暗号資産）が勢力を拡大してきました。大手を振ってギャンブルができる世界は、投資家ならぬ投機家にとって嬉しくてたまらない世界なのでしょう。

仮想通貨は、国家やその中央銀行によって発行された法定通貨ではありません。特定の国家による価値の保障のない、紙幣や通貨という実物も存在しない、銀行などの第三者も介さない、**ネット上のみでやりとりできる財産的価値です。**

暗号資産は、「交換所」や「取引所」と呼ばれる事業者（暗号資産交換業者）にて、円を暗号通貨に両替してからスタート。代表的な仮想通貨に、ビットコインやイーサリアム、カルダノ、リップルなどがあり、2021年8月現在、仮想通貨は8800種類を超え、時価総額は2兆ドルを再び突破しました。

今日も新しい通貨が誕生しています。まるでゾンビのようです。

弱点は仮想通貨を簡単に両替できないこと

仮想通貨は〝ブロックチェーン〟という技術で、参加者全員で取引を監視、検証し合うシステムで、取引改ざんや不正取引がしにくい性質があります。しかし、運営者の管理がずさんだったので、不正流出が相次ぎました。事業者の「コインチェック」が扱う仮想通貨のネムが不正アクセスにより580億円もの大金が不正送金されたニュースは記憶に新しいところで、犯人の足取りを追うのは困難な状況です。

また、仮想通貨の弱点は、**実物の通貨に両替できるところが少なく、買い物できるところも少ないこと。**今は単なる投機対象なので、ゾンビを見たい人は、どうぞ。

「投資をしない」という資産の守り方もある

「投資をしなければならない」は単なる思い込み

日銀のマイナス金利政策が続き、これを止めたら経済への影響が大きいので、出口戦略がいまだに見い出せない状態です。この金融緩和によって収益が悪化している銀行や証券会社は、生き残りをかけてあなたの資産を狙っています。甘い言葉やカラクリにはまって投資などしては、相手の思うツボです。

さまざまな投資の本を読んだり、ネットの口コミ情報になるほどと思ったり、金融機関の営業から投資の素晴らしさの説明を受けたとしても、「老後は年金だけでは足りない。若いうちから投資をしてお金を増やさなければ、安心できる豊かな老後は迎えられない」というのは単なる思い込みで、今、注目の〝ファクトフルネス〟(データや情報から真実を見極める方法)ではありません。

投資は値段が上下する金融商品を扱うからこそリスクとリターンがあり、野菜や時価の寿司ネタと同じで、安いときに買って、高いときに売ってこそ儲かります。

しかし、**その時点で安いかどうかは未来にならないとわかりません。**「明日の新聞が道に落ちていればどんなに嬉しいか」といった証券マンがいましたが、プロだって未来を予測することは相当に難しいものです。

投資はお金・時間・情報・知識がなければ勝てない

国や金融機関、ファイナンシャルプランナーも強力にiDeCoやNISAを勧めていますが、それらの手法がどんなにダメかを説明してきました。

もちろん投資が好きで、知識もあり、自分なりの投資哲学を持っていて、お金、時間、確かな情報がある人は、どんどん投資をしてください。それを仕事とするプロが集う市場で、対等に渡り合い、負けないように投資をすればよいでしょう。

しかし、「今、投資をしなければ……」と思っている人は、これまで投資教育を受けることなく、忙しく、真面目に働いてきた人ではないでしょうか。お金も、時間も、確かな情報も、投資の知識もないのに、「みんなやっているから」「金融機関で勧められたから」と虎の子を投げ出して、**単に「月数万円でいいから、不労所得を得たい」と思っているだけではないでしょうか。**

人気ドラマの『ふぞろいの林檎たち』に出演していた往年の俳優が「何にもわからないから、信託銀行にお任せしちゃおう」というファンドラップのテレビCMもありますが、手数料がべらぼう高いのに、元本や利回りの保証もなく、成果はよいときも悪いときもお客さん持ちなのを忘れないで欲しいです。

投資とは距離を置いたほうが幸せに暮らせる

今は、日本経済はデフレ下です。デフレ下では投資よりも、今あるお金を目減りさせないほうが優先です。銀行の預金の利息はゼロですが、口座を無料の金庫だと思ってお金を大切に保管しておきましょう。**今は、増えないリスクよりも、目減り**

しないメリットをとったほうがいい。目減りさえしなければ、貨幣の実質的な価値は上がっていきます。

投資をすると絶えずスマホで価格をチェックするようになり、一喜一憂して疲れてしまいます。本当はそこで「どうして値が動いているのか」と、自分なりに研究し投資ポリシーを持たなければならないのに、それをしている人はほとんど見かけません。

投資は勝負の世界です。相手はそれを仕事とするプロです。

そんなに簡単には勝たせてもらえません。

そんな難しい世界とは距離を置き、投資をしないという選択をするほうが幸せに暮らせる人もたくさんいます。人生には投資よりやるべきことがたくさんあり、もっと時間を別のことに使ったほうがよいと思います。

×保険

これだけは入ってはいけない

保険の仕組みは「不幸くじ」。何も起こらなければ保険金はもらえません。はじめから損な賭けをするようなものなので、自分や家族にとって保険が本当に必要かどうかを考えましょう。

「生命保険」は死亡保障を減らす。「医療保険」は再検討する

何も起こらなければ、ただただ保険料を支払うだけ！

日本人は無類の保険好きです。生命保険文化センターの「生命保険に関する全国実態調査」（２０１８年）によると、生命保険（個人年金保険を含む）の世帯加入率は88・7％、医療保険の加入率は88・5％、一世帯当たりの年間払込保険料（個人年金保険の保険料を含む）は平均38・2万円と、月約３万２０００円を保険につぎ込んでいる計算です。

こんなに多くの人々が保険に多額のお金を使っているなんて……。貯蓄があるのに高額な保険に入っている人をよく見かけますが、それは意味なしです。

私は、原則、**生命保険も医療保険もそれほど多くは必要ない**と思います。

そもそも、生命保険とは、**自分の健康や命を賭けた「賭け」**です。

保険は死亡や病気、ケガ、事故に遭うなど**「不幸くじ」**を引き当てることで保険金がもらえます。不幸を心配ばかりして保険で備えると、保険料はどんどんかさんでいき、何も起こらず健康に過ごせれば、その間の保険料はすべて無駄になります。

例えば、死亡保障の基本的な保険の仕組みは、「万人は一人のために、一人は万人のために」という相互扶助のシステムを作り、誰かに不幸があったとき、その人にお金がいくようにみんなで積み立てをするというもの。仮に100人のグループで、死亡保険料を毎年1万円ずつ集めるとします。すると年間100万円が集まり、胴元である保険会社が収益と運営費を差し引いた額が、その年に亡くなった人に渡されて終わります。誰も亡くならなければ胴元が次の保険料に還元するとはいっていますが、そこは情報開示されていないのでわかりません。

保険は還元率の低い「不幸くじ」

では、この生命保険という「不幸くじ」の還元率はどれくらいなのでしょうか？宝くじの還元率は、46・5％で半分以下、パチンコは還元率80〜85％といわれておりギャンブルとしては高い還元率です。

保険という賭け事に参加するための保険料には、一般的な保険会社では、保険会社が存続するための収益や維持費、運営費、広告費なども含まれています。さらには保険加入の契約を交わした営業販売員の給料と歩合も含まれています。

保険会社の運営の仕方によって、同じ年齢、同じ保障でもA社とB社の還元率は異なり、加入する人の性別や年齢によっても還元率は変わってくるのは保険会社の経費比率が違うからです。もちろん、商品は認可制なので9割が経費などというとんでもない商品は作れませんが、ものによっては半分が経費というものもあるようです。保険会社は経費率を開示しないので、真相は闇の中です。

生命保険は死亡保障を減らす

自分が亡くなったとき、残された家族が生活に困らないように入るのが生命保険の死亡保障です（養う家族がいない独身の人は、生命保険は必要ないのに、たまに未来の配偶者のために入っている人がいて驚きます。おそらく親戚や知人から勧誘されて入ったと思われますが……）。

例えば、夫が亡くなった妻は悲しみに打ちひしがれるでしょう。やがて悲しみが落ち着けば専業主婦だった妻は働き出すし、もしかしたら再婚をするかもしれない。とにかく大人なので、悲しみを乗り越えて何とか生活していくでしょう。

問題は子どもの教育費です。子どもは放っておいても勝手に育ちますが、進学したいときの教育費だけは準備しておきたいもの。高校・大学に行くには一人1000万円かかるので、**死亡保障のみのシンプルな掛け捨て保険で、子ども一人につき1000万円**を保険で備えればいいでしょう。

医療費はさほどかからない

病院は患者の回転率を上げなくてはならないので、病気になっても長期の入院をさせてはくれないのはご存じの通り。患者にとっても働きながら治療をするのが理想です。

しかも、**「病気になったらお金がかかる」とは、単なる思い込みです。**

そもそも日本人は全員健康保険に加入しているので、病院で手術や治療を受けても自己負担は3割です。さらにその3割がいくらかさんでも、高額療養費制度があるので、一般的なサラリーマンなら医療費は月9万円程度です（70ページ参照）。

会社を休んで収入が減るのが心配でも、傷病手当金があります（71ページ参照）。

このように病気やケガに関しては、手厚い社会保険があるので、民間の医療保険に加入してわざわざ保障を上乗せしなくてもいいかもしれません。

保険過多は迷わず解約しよう

現在、高額な死亡保障のある生命保険や医療保険に入っている人は、亡くなったり、入院したりしないと、この先もずっと無駄が続いていくことになります。バブル時代に加入した予定利率の高いお宝貯蓄保険を除き、「死亡保障が大きく保険料が高額な人」「更新で保険料が上がる人」「特約がたくさんついている人」「複数の保険の保障が重複している人」は、保障を下げるか、解約を検討しましょう。

保険が「還元率の低い不幸くじ」だと理解できたら、**保険に入ったと思ってお金を貯めたほうがいいと思いませんか。**そのお金は医療費にも使えます。現金はいくらあっても邪魔にはならないので、健康に留意し、貯蓄をしたほうが賢明です。

私たちはすでに多くの「社会保険」に入っている！

サラリーマンは５つの保険に加入済み

サラリーマンなら給料天引きで雇用保険、年金保険、健康保険、介護保険（40歳以上）という公的な４つの保険に加入しています。あまりにも身近なので忘れがちですが、これらの社会保険に、私たちは毎月、多額の保険料を納めています。また、会社が加入している労災保険の保障も受けられます。

私の友人で中小企業に勤務するSさんの給料明細を見せてもらう機会がありました。ザックリですが、基本給30万円、役職手当15万円、残業手当が５万円、交通費が1万円で支給額は51万円でした。

健康保険料、介護保険料、厚生年金保険料、雇用保険料はトータルで約7万6000円です。社会保険料は会社が半分払う労使折半（雇用保険を除く）なので、Sさんは月15万円もの保険に入っていることになります。

これらはSさんに万が一のことが起きた場合、いの一番に助けてくれるでしょう。まずこれらの保険の機能をチェックし、足りないと感じてから民間の保険に入っても遅くはありません。

ここからは、実は驚くべき**「社会保険の威力」**を見ていきます。

大黒柱の死亡で遺族年金がもらえる

一家の大黒柱として働く配偶者が死亡したとき、**残された家族の生活が困窮しないように支給されるのが遺族年金**です。

故人が国民年金加入者であった場合、要件を満たせば「遺族基礎年金」を受給できます。故人が厚生年金加入者であった場合、要件を満たせば「遺族厚生年金」を受給できます。

支給額は子どもの数によって異なりますが、年収600万円のサラリーマンの場合、妻と子ども1人を残して亡くなったとすると、残された家族には、月に12万円前後の遺族厚生年金が、子どもが18歳になるまで支給されます。

また、サラリーマンであれば、会社からまとまった額の死亡退職金が出る可能性があります。仕事関係が理由で亡くなったとなれば加算もあるでしょう。

さらに、マイホームを購入し、住宅ローンを組んだ配偶者が亡くなったら、団体信用生命保険が残りのローンを払ってくれるので、残された家族は家を追い出されることはありません。これはマイホームを持つ強みの1つです。

例えば、一家の大黒柱である夫が亡くなることは、妻にとってとても悲しいことで、これから先、子どもをどう育てていったらよいのか不安になるでしょう。けれども、その後も住宅ローンがなくなった家に住み、夫の会社から死亡退職金をもらい、子どもが18歳になるまで遺族年金をもらい、妻自身も働けば、民間保険に入らなくても一家が路頭に迷うことはないはずです。

ただ、唯一心配なのは、子どもの教育費用です。夫が亡くなり家計が苦しくなったとしても、子どもが大学や専門学校に進学したいと願うなら叶えてあげたいものです。進学をあきらめるのは亡くなった夫も本意ではないでしょう。心配なら、夫は教育費として子ども1人につき1000万円のシンプルな死亡保障を保険で確保しておくとよいでしょう。

なお、子どもが社会人になれば自分で稼ぐので、親の死亡保障はいりません。

病院に払う治療費や薬代は3割負担で済む

健康保険料は高額で、20代でも月2万円以上、先ほど中小企業勤務のSさんは4万円弱払っています。これだけの保険料を払っているのだから、使わない手はありません。

大企業なら健康保険組合、会社に健保組合がない人は協会けんぽ、自営業は国民健康保険に加入し、**種類は違えども働く世代の医療費負担は3割。つまり病気になっても医療費の7割は健康保険が負担しています。**

さらに、健康保険は私たちが病気にならないように、年1回の健康診断の費用まで負担してくれます。

大病をしても医療費は月9万円程度で済む

健康保険には、がんや心筋梗塞など重大な病気や大ケガをしても、医療費で家計の負担が重くならないよう、3割負担をさらに下げてくれる**高額療養費制度**があります。

年収によって上限額は異なりますが、例えば、月収28万～50万円のサラリーマンが、月100万円の治療を受けても3割負担の30万円ではなく、**自己負担は9万円程度で済みます**。つまりどんな大病をしても医療費には上限があり、月9万円程度を滅多に超えません。病気が治らず治療が長引くと、さらに安くなる仕組みになっています。この制度を知っている人は、「月をまたいだ入院はしたくない」と入院を月はじめにずらしています。

ここで、民間の医療保険やがん保険が必要かを考えてみましょう。

今、がんは多くの人が罹る病気であり、がんと共に生きている人が多くいます。

近年では抗がん剤治療も進歩し、副作用に対しても治療が行われます。手術をしても入院は短めで、通院で治療することも多くなっています。

がんだけでなく、どの病気も入院日数が少なくなっているので、医療保険に入っていても入院日額を稼ぐことができません。日額5000円の保険で10日間入院しても、もらえる保険金は5万円です。

ということは、**自分で5万円の貯蓄をして病気に備えれば、医療保険は必要ないのではないでしょうか。**

会社を病気で休んだら傷病手当金が出る

サラリーマンが病気やケガで、4日以上連続で会社を休み、給料がもらえないときは、健康保険から**最長1年6カ月分の傷病手当金**がもらえます。支給される金額は、**働いているときの給料の3分の2**。大手企業の健康組合なら組合からの補助金が上乗せされ、給料の8割をもらえるところもあります。民間の医療保険は入院で治療した日数で給付金が出ますが、傷病手当金は自宅療養でも出るのが素晴らしいところです。

最近は、会社での人間関係やストレスで、うつ病やパニック障害になる人も増えていますが、**精神障害も傷病手当金が認められ、長引く治療も安心して受けることができます。**

国民健康保険に入る自営業者には傷病手当金がないので、いざ働けなくなったときのために貯蓄で備えましょう。

通勤や仕事中の病気やケガは労災で治す

通勤中の災害や、仕事中の事故やケガに備えるのが労災です。労災といえば通勤途中に多くの会社員を巻き込んだ地下鉄サリン事件や、作業に従事した作業員が健康被害にあったアスベスト事件などを思い浮かべますが、近年は過剰労働によるうつ病や自殺なども労災に認定されています。

労災とは労働者災害補償保険の略で、立派な保険です。会社の経営者は労災に入る義務があり、従業員（パートやアルバイトを含む）のために保険料を支払わなくてはなりません。

従業員が業務中や通勤途中にケガや病気になったとき、労災と認められれば**治療にかかった費用や看護料、移送費などを全額出してもらえます。**また、それにより会社を休まざるをえなくなると、給料の6割の**休業補償給付**がもらえます。さらに条件によって**休業特別支給金**も上乗せされると約8割もらえます。

再就職まで生活を支えてくれる雇用保険

会社員に突然襲ってくるかもしれないのが、リストラや会社の倒産です。自己都合で転職するにしても、収入が一時的に途切れる心配があります。そんなときに頼りになるのが雇用保険、別名・失業保険です。

失業保険がもらえるのは会社に2年以上勤めていて、雇用保険に1年以上入っている人。もらえる金額は、退職前の1日当たりの給料の50〜80%を1日分として、90〜150日分がもらえ、勤続年数が長いほど日数が多くなります。

申請は、住まいの住所を管轄しているハローワークへ。**失業中は再就職先まで紹**

介してくれるありがたい保険です。

老後も安心できる介護保険

40歳以上の人は、全員が介護保険に加入し、健康保険に上乗せして介護保険料を払っています。健康保険は健保組合が運営していますが、介護保険は各自治体が運営しています。

介護が必要であると認定されると、認められた範囲内で介護サービスを自由に選び、利用することができます。介護認定度によりますが、**自己負担額は1〜3割です。**

65歳以上の高齢者が介護保険を利用できるのはもちろんですが、40歳以上65歳未満の人の初老期における認知症、脳血管疾患など老化にともなう病気によって介護や支援が必要であると認められた場合も利用することができます。

人生のほとんどのリスクをカバーする社会保険

このように私たちは病気やケガをしたら「健康保険」で治し、その間、病院や自宅で療養しても「傷病手当金」や「労災給付」で生活をし、子どもは「医療費無料」、一家の収入源が亡くなったら「遺族年金」がもらえます。失業したら「失業保険」で収入が途絶えることを防ぎ、再就職先を紹介してもらい、老後に介護状態になったときには「介護保険」、障害者になったら「障害年金」もあります。

さらに、出産費用は「出産育児一時金」として健康保険がほぼ全額負担し、会社員の育児休業中は雇用保険から「育児休業給付金」として半年間、給料の67％（その後最長2歳まで50％）を支給、親が介護状態になったら雇用保険から「介護休業給付金」として休んだ日数の給料の67％がもらえます。

私たちは安くはない保険料を払う代わりに、手厚い保障を受けているのです。このような国のお助け制度を「社会保険」といいます。

民間の保険はこれらの社会保険に上乗せする形になり、負担過多です。次からは加入したら一生バカを見る保険を紹介していきます。

「三大疾病付き」「女性向け」など手厚い保障は保険料に跳ね返る

保険に「念のため」はいらない

最初に、保険の基本のキとして、生命保険の保障は2つです。

1つ目は、亡くなったときにお金が出る「死亡保障」。

2つ目は、病気やケガで入院するとお金が出る「入院（通院）保障」、です。

とにかく死んだらお金が出るというのが死亡保障、とにかく入院したらお金が出るというのが入院保障（中には通院したらお金が出る通院保障もある）と、シンプルに考えましょう。

保険商品には「三大疾病付き保険」「がん保険」「女性向け保険」「健康お祝い金

付き保険」「先進医療付き保険」「持病があっても入れる保険」などさまざまなものがありますが、これは「○○○で死んだら」や、「○○○で入院したら」というように、死亡保障と入院（通院）保障に限定を加えてあるだけ。これが保険になったり、特約になったりしています。

保険会社の営業販売員は、これらの保険や特約を、「念のため入っておいたほうがいいですよ」と勧めるでしょう。けれども、あれもこれもとたくさん保険加入し、特約を付ければ安心できるでしょうが、保険料はその分、高くなります。

「三大疾病」に罹っても保険が出るとは限らない

ここ数年、「三大疾病付き医療保険」は、保険会社のドル箱となってきました。がん、脳卒中、急性心筋梗塞は日本人の死因や病気の上位を占めており、三大疾病付き医療保険は、この3つの病気になったら入院日額や手術などで保険金が上乗せされるという特約付きで、この病気以外に罹ると通常の保険金となります。

ただし、この3つの病気に罹っても、保険金が出るとは限りません。保険会社によって異なりますが、例えば次のような要件が提示されています。

がんについては、上皮内がん、皮膚がんは対象外です。

脳卒中は、くも膜下出血、脳内出血、脳梗塞が対象で、なおかつ医師の診察を受け始めて60日以上で、言語障害や体の麻痺などの診断書がないと保険が出ません。

急性心筋梗塞は、急性の狭心症と判断された場合でも、最初に医師が診察をしてから60日以上まともに働けない状況が続いていないと保険金は出ません。

このように三大疾病の特約には細かい条件が定められており、簡単にいうと、**軽度のがん、脳卒中、心筋梗塞なら、保険金は出ない**ということです。

もちろん、こうした厳しい条件をクリアし、「不幸くじ」に当たった人には保険金が出ますが、以前起きた保険金不払いの問題で、不払いが多かったのが三大疾病付き保険やがん保険でした。保険は請求しないと一円も出ませんが、請求しても出ないケースが多いのがこの保険の特徴です。

「女性向け医療保険」は保障の上乗せ

「女性向け医療保険」の多くは、通常の医療保険に特約として、乳房や子宮、卵巣など女性特有だといわれる病気であれば、入院日額が倍、手術の給付金も上乗せで出るというような保険です。そう聞くと女性は「ありがたい」「入りたい」と思うかもしれませんが、中身は、保険の基本である「入院したらお金が出る」という保障に、さらに限定条件として「子宮がんになったら」など女性特有の保障を上乗せしている商品で、その分の保険料は高くなります。

そもそも女性特有の病気であっても、すべての女性が罹るわけではありません。女性でもケガをするでしょうし、うつ病で入院することもあるでしょう。女性特有の病気以外は上乗せ保障の対象ではないので、給付金は少なかったり、保険契約によっては出なかったりします。

保険というのは、万が一の、イザというときために備えるもの。女性特有というピンポイントではなく、何にでも対応できるものにしたほうがよいでしょう。

「健康お祝い金」の出どころはあなたの保険料

明治時代に保険が誕生したとき、健康な人は保険に入ってもらえないと考えた保険会社は、健康でいればお金がもらえる保険を生み出しました。今もそれは人気で、例えば「10年間健康で、入院をせず、保険金の支払いがなかったら、お祝い金として10年目に10万円出します」「満期時にお金を出します」などという保険です。

これは、日本人特有の「掛け捨てはもったいない」という気持ちをくすぐっています。いかにも保険会社がお祝い金を出すようなイメージですが、10年後にもらえるこのお祝い金には、**あなたが毎月払う保険料にきっちり組み込まれています。**

つまり自分が先に払ったお金を「お祝い金」という名前で戻してもらうようなものです。

しかも、この仕組みを運営するためにはお金がかかり、加入者は運営費込みの保険料を保険会社に毎月払っています。

保険は「掛け捨て」がよい

前述した通り、保険の基本は「死亡保障」と「入院（通院）保障」で、この2つの保障は「掛け捨て」です。

ここに貯金をつけたのが貯蓄型保険です。バブルの頃はこの保険の貯金部分が約5・5％という予定利率で運用されていたので、貯蓄型保険はとてもよい商品だったのですが、現在は0・25％前後。しかも、保険の予定利率は加入したときの利回りで最後まで運用するので、世の中が高金利になっても上がりません。だとすれば、貯蓄型保険で、保険会社に手数料を払いながら貯蓄することはバカバカしいことです。

保険は保険料が安い「掛け捨て」にして、保険と貯蓄を切り離しましょう。

現金なら住宅ローンの繰り上げ返済や、ローンのない人は銀行の自動積立定期に回せます。また、現金なら病気になったときの治療費として利用できるし、健康であれば自分の趣味や将来のために有効活用できます。何にでも利用できる現金のほうが使い勝手がよく、何よりも自動積立定期なら元本保証で手数料がかかりません。

「持病があっても入れる保険」に小躍りして飛びつかない

小躍りするほどいい保険なのか⁉

通常、保険は元気なうちに「病気ではない」という証明を付けて契約をするものです。健康状態がよくなかったり、過去に手術や入院歴があったり、持病の薬を飲んでいたりすると審査が通らず、加入することができません。

ところが、現実は、寿命は延びても健康なまま長生きできる人は少なく、高齢になると持病を抱える人が増えます。そこに忽然と、救世主のように現れたのが「持病があっても入れる保険」です。

糖尿病でインスリン投与のために通院している人も、高血圧で薬を飲んでいる人も、健康診断で異常を指摘された人も、がんを治療して今は元気な人も、この保険なら加入できます。種類は医療保険、終身保険、定期保険などがあり、なかでも医療保険は「簡単な告知」をアピールし、多くの保険会社から販売されています。

「糖尿病なのに保険に入れるなんて嬉しい」「保険をあきらめなくてよかった」などとタレントが小躍りするCMなどでさかんに宣伝されていますが、そんなに喜ぶべき保険なのでしょうか。

加入者本人の告知のみが審査される危うさ

持病があっても入れる保険の正式名称は「引受基準緩和型医療保険」といいます。保険に入れる条件は、各社によって多少異なりますが、おおよそは、

①最近3カ月以内に医師から入院・手術・検査・先進医療を勧められたことがあるか

②過去2年以内に入院をしたことがあるか

③過去5年以内にがん・肝硬変・慢性肝炎で医師の診察・検査・治療・投薬を受

けたことがあるか

これらの項目が「いいえ」であれば、加入の申し込みができます。一見、とても簡単な告知に見えますが、別表に告知対象となる病名を数多く記載している保険会社もあり、それらの病名に該当するものがないか、発症時期や投薬の開始時期などもしっかり告知する必要があります。

なぜ、告知が重要なのかというと、この保険は医師の診断書に基づいているものではなく、**加入者本人の告知のみが審査される形なので、どこまでいっても自己責任が問われるのです。**

いざ、保険金が欲しいとき、告知義務違反かどうかの判断で、「入院給付金が支払われない」「入院し、手術をしたのに給付金は半分しか出なかった」などのトラブルが多発しています。

もらえる条件が厳しいのに保険料が高い

保険にソンやトクはありません。保険はすべて確率で計算されています。ですから、持病のない人の保険料は支払い確率が低いので安く、持病のある人の保険料は高いのは当たり前です。

持病があっても入れる保険は、加入後に持病の悪化、既往症の再発による入院・手術は保障されますが、入院・手術などの給付金は、契約してから1年間は50％に削減されます。また、1入院が60日としている保険会社が多く、一般的な医療保険に比べて保障日数は短くなっています。

ほかにも保険金をもらうには厳しい条件が多々あるにもかかわらず、**保険料が一般的な医療保険よりずっと割高で、なかには5割増しのものもあります。**

持病があるから保険に入れないと嘆くことはありません。持病が悪くならないよう留意しつつ、そんな高い保険料を払ってまで入る価値のある保険なのか、今一度、考えてみましょう。

「個人年金保険・定額型」の予定利率は預金利率と違う

積立金のすべてが運用されるわけではない

個人年金保険は、貯蓄型保険の代表ともいわれ、従来型のあらかじめ決められた予定利率で運用する「定額型」と、運用次第でもらえる金額が変わってくる「変額型」の2種類があります。

「個人年金保険・定額型」は、毎月一定額を積み立てていく保険金を保険会社が運用し、払込終了後に残ったもの（積み立て分と運用分）を年金原資として、一定の期間に分けてもらうものです。

予定利率は加入時に決まっているので、受け取れる年金額も決まっています。現在の個人年金保険の予定利率は0・25%程度。銀行の定期預金が0・002%ですから、これは銀行より保険のほうがおトクだと思いがちですが、それは間違いです。**個人年金保険に1万円を積み立てても、その1万円すべてが運用されるわけではありません。**

1万円から保険の機能として掛け捨ての死亡保障や医療保障、保険会社を維持するための経費を差し引いた残りの額が、0・25%程度で運用されるのです。

仮に1万円のうち、掛け捨て保険分で3000円、保険会社の儲けや経費で1000円がかかったとすると、残りは6000円です。この6000円を0・25%程度で運用するのです。

さらに、個人年金保険は20年、30年と景気に左右されることなく、この状態が固定されます。やっと年金保険がもらえるとき、いくら増えているのでしょうか。**それまでに保険会社が破綻することも大いに考えられます。**保険会社の言い分としては、「すべての保険会社は生命保険契約者保護機構に加入しているので、破綻しても保険契約は他の会社に引き継がれるので大丈夫」というかもしれませんが、その際、貯蓄部分に関しては削られます。

現に、私の知り合いで、２０００年に千代田生命が破綻し、ＡＩＧスター生命が引き受け会社になったとき、個人年金保険の貯蓄部分は7割ほどに減額されたそうです。

現在は経営不振や破綻する前に買収される保険会社が多いのでうやむやになっていますが、経営不振で引き受けられた保険会社の保険は見直しとなっており、約束された額が減ったとしても文句はいえません。

今は保険会社に貯蓄するうまみはない

貯蓄しながら保障も得ることができるという「一石二鳥」のふれ込みで根強い人気がある貯蓄型保険ですが、中身を見ると「二兎を追う者は一兎をも得ず」の商品になっており、**保険部分も貯蓄部分もどちらも中途半端な中身のわりには、安くない手数料が保険料に含まれます。**

どうしても保障が欲しいなら、掛け捨て保険のほうがシンプルで無駄がないし、貯蓄したいならわざわざ保険会社に貯蓄するのではなく、口座からの引き落としで銀行に積み立てしたほうが手数料もかからず、確実です。
貯蓄型の生命保険は、貯蓄を全面に押し出しつつもその仕組み上、お金を増やすことができません。それどころか保険料を払い込んでいる最中に解約をすると、解約時に戻ってくるお金（解約返戻金）は、払い込んだ保険料を下回る元本割れがほとんどです。

保険の役割はあくまでも万が一の備えという基本に立ち返り、**保険と貯蓄は切り離し、貯蓄は別の方法で行いましょう。**

ただし、１９８０～１９９０年代に契約した予定利率５～６％の「お宝保険」に入っている人は、引き続き積み立てを続けてください。これらの保険は保険会社にとっては逆ざや（契約者に約束していた予定利率よりも、実際の運用利回りが下回ってしまう状態のこと）ですが、契約している人にとってはよい保険です。

「個人年金保険・変額型」は手数料がバカ高い減額保険

変額保険とは「保険」と「投資信託」の合体商品

「個人年金保険・定額型」に続き、運用次第でもらえる金額が変わってくる「個人年金保険・変額型」も入ったら一生バカを見るかもしれない保険です。

変額型は、保険会社が契約者から預かった保険料をリスクのある投資信託で運用して年金部分を増やす商品です。一括で保険料を払うものが主流で、大きく増える可能性がある一方、大きく元本割れする可能性もあります。

運用は保険会社に任せるのですが、その手数料がバカ高い。契約すると費用が何十万円とかかり、年5％以上の手数料が20～30年も引かれ続けるものもあり、よほど運用が高利回りでないと、元本は減っていきます。

元本が知らぬ間に減っていきトラブル続出!

変額型は銀行の保険窓口で「外国の超優秀なプロが専門で運用します」と、よく売られていたのですが、リーマン・ショックの株価暴落で運用商品の元本割れが続出、トラブルも多発し、ハートフォード生命保険などの外資系保険会社の日本撤退が相次ぎました。

運用がうまくいかない商品は、保険会社は「売り止め」(募集停止)、もしくは「休止」という措置をとるのですが、**途中解約しようとするなら1年目は8%、2年目は7%、3年目は6%といった解約手数料がかかります。**満期まで待たないと約束のお金がもらえないため、多くの訴訟問題に発展しました。

変額型は投資信託の運用会社に手数料を払い、保険会社にも手数料を払い、しかも運用成績が悪くても利用者は解約しにくいので、続けなければならないという最悪の商品です。

「外貨建て貯蓄保険」の高利回りに騙されるな！

「保険」と「外貨預金」の合体商品

「外貨建て貯蓄保険」とは、米ドルや豪ドルなどの「外貨」で運用する保険商品です。基本的な仕組みは日本の保険と同じですが、日本の保険の予定利率は、現在0・25％程度に対し、外貨建て生命保険の予定利率は1～2％となっています。

今、外貨建て貯蓄保険の「高利回りの通貨で運用する」という売り文句に誘われて、お金を減らす人が少なくありません。

まず、高利回りといわれる予定利率についてですが、日本よりも利回りの高い海外で運用するので、高くなるのは当たり前。ただし、後述しますが、海外で運用するにはさまざまなリスクが伴います。**銀行でする預金の利息とはまったくの別物**にもかかわらず、誤解する人が多いようです。

しかも外貨建て貯蓄保険には、日本の保険にはない手数料がかかります。詳しく説明していきましょう。

「為替リスク」と「為替手数料リスク」のダブルパンチ

営業販売員にとって外貨建て貯蓄保険の販売手数料は高く設定されているため売りたい商品です。その半面、全国の国民生活センターにはトラブルの相談が多く寄せられています。70歳以上の割合が相談全体の約半数を占めており、平均契約購入金額は1000万円前後だそうで、保険料をまとめて払う一括タイプが多いようです。

外貨建て貯蓄保険は保険料を外貨で運用し、運用利回りを乗せた金額が満期時に戻ってきますが、**戻ってくるお金も外貨です**。「元本保証です」と説明されるでしょうが、それは外貨ベースでの話で、円での元本保証ではありません。契約時より満期時のほうが円高になっていると、受け取る保険金や満期金が減ってしまい、減った分を保険会社が補ってくれるわけではありません。契約したときより円安にならないとお金は増えません。これが**「為替リスク」**です。

また、**保険料は円ではなく外貨で払います。**自分で安いところで両替をして外貨で支払ってもよいのですが、一般的には保険会社に円で支払って、保険会社が外貨に換えて運用します。保険金を受け取る際も外貨で受け取れますが、日本で暮らす人は円でしか生活できないので、両替するでしょう。つまり両替するため、往復の為替手数料がかかります。これが**「為替手数料リスク」**です。

円安のタイミングで亡くなることはできない

通常の外貨預金はニュースの為替レートを見て、売ったり買ったりして差額で儲ける投資商品です。ところが外貨建て貯蓄保険でお金を受け取れるのは、途中で解約するか、死亡するときです。

得をしようと思ったら、円安のタイミングを選んで解約するか、亡くならなければ

ばならないのです。

万が一に備えて保険に入っているのに、タイミングによって保険金が上下するとは、自分の命を賭けたギャンブルをしているようなものです。そこに日本の保険にはない高い手数料を払うのですから、最悪ではないでしょうか。

一方、保険会社にとっては、円安も円高も関係ありません。

加入者は為替の影響を受けて損したり得したりしますが、保険会社にはこうした変化に関係はなく手数料が稼げます。保険会社にとっては、保険での手数料だけでなく、為替での手数料も稼げるので、二重のうまみがある商品なのです。

必要のない貯蓄機能が付き、為替レートの変動というリスクまで付いて回る外貨建て生命保険でいい思いをするのは保険会社だけです。こんなバカげた保険に入るのはやめましょう。

街角やショッピングセンターの「保険ショップ」は素通りせよ

「保険に入って一人前」と触れ回った販売員たち

生命保険はかつて主に女性の営業販売員が個人宅や職場を直接訪問し、契約をとっていました。給料システムは基本給＋歩合で、営業販売員として成績を上げると、中小企業の社長並みという凄腕も登場。私の知り合いの営業販売員に、2人の子どもを医師に育てあげ、賃貸用のビルを建て、さらに子どもの妻を保険販売員にして自分の地場を譲った、〝保険のおばちゃん〟がいます。彼女は土日、深夜も走り回っていました。どこか憎めないところがある雰囲気で親しみやすく、仕事が楽しくて仕方がない様子がうかがえました。

彼女のようにある程度の地位を得ると、保険の販売のほかに自分と同じ販売員の採用も仕事に含まれてきます。そこで娘や子どもの妻、姪などに声をかけ、保険販売の世界へと導きます。それが繰り返され、営業販売員の売り文句である「保険は必需品」「保険に入って一人前」という考えが草の根活動で広まり、日本人は無類の保険好きに成長し、保険業界は巨大な市場に発展しました。

カモがネギを背負って入る「保険ショップ」

現在の保険販売では、1つの保険会社に所属する〝保険のおばちゃん〟のやり方は通用しなくなりつつあります。共働き家庭の増加や企業のセキュリティ強化によって個人宅や企業訪問ができなくなったからです。代わって登場したのが、顧客のほうからやってくる「保険ショップ」です。

保険ショップとは、複数の保険会社の商品を取り扱う「乗り合い代理店」のこと。有名タレントを起用したテレビCMで認知度も高くなり、街角やショッピングセンターなど日本全国で店舗が急増しています。

無料で保険相談からライフプランの作成、家計診断まで行い、複数の商品から中立・公平な視点で保険を勧める、現在加入している保険が合っているかどうかの診断もするというのがウリです。

しかし、本当に中立・公平なのかは怪しい、と私は思っています。

保険ショップの経営は、保険を販売することで販売手数料を得て、そのお金で職員の人件費や家賃を賄っています。保険会社によって販売手数料は異なるので、歩合で働く営業販売員は、なるべく高い販売手数料が入る保険を売りたいのは当然でしょう。

それが行き過ぎて、顧客とのトラブルが続出。保険会社が強力に売って欲しい商品の販売手数料を高額にし、とても顧客本位とはいえない商品を勧めるということが相次ぎました。そこで金融庁は、２０１６年5月に改正保険業法を発令。保険ショップではアンケートなどで顧客の意向を把握したうえで、顧客の意向を尊重した契約をするような流れを示しました。

いったんは是正されたように見えましたが……、保険ショップの販売員のなかには、保険に対する知識やスキルが低い人もいます。保険ショップだから中立で大丈夫とは思い込まないほうがよいでしょう。

保険ショップへは「この保険に入る」と決め打ちで行くならよいのですが、丸腰のまま店舗に入るのは、**カモがネギを背負って鍋に入っていく**ようなことになる可能性もあります。

「相談は無料」は高くつくかも

保険ショップは、相談無料を大きく掲げていますが、主体はセールスなので無料なのは当然です。無料どころか「予約者には商品券をプレゼント」という店舗もあります。

これらの費用の出どころは、これから契約するであろうあなたの保険料です。

無料だからとノコノコと出かけていくと、結局は高価な保険を勧められるのがオチなので、街角で保険ショップを見かけたら、保険の知識がゼロの人は、避けて通るのが無難です。

✕郵便局

これだけは買ってはいけない

郵便局の民営化からはや14年。

かんぽ（簡易生命保険）の不正販売や、投資信託のゴリ押し販売が露呈し、郵便局の安心・安全、信頼できるという神話は崩壊しました。

「かんぽ生命」の売り方から郵便局員の裏の顔が見えた

1通の投書から始まった不正販売問題

郵便局は、全国津々浦々、約2万4000局あり、郵便貯金、かんぽ保険、郵便配達と、昔から存在するいちばん身近な金融機関で、私たちの生活を支えてくれるお店であることは間違いありません。そして、いまだに郵便局は国が運営し、安心・安全、そして信頼できるというイメージがあります。

2007年10月1日、小泉純一郎元首相が行った郵政民営化により、郵便局は日本郵政公社から民営企業としての道を歩み始めました。どんな小さな郵便局の中にも、「株式会社ゆうちょ銀行」「株式会社かんぽ生命保険」「日本郵便株式会社」が存在し、日本郵便を窓口とする業務委託の形で、民間並みにサービスが向上するはず、でした。

しかし、「郵便局なら大丈夫」と思っていた神話が一気に崩れたのは、**「かんぽ生命の不正販売問題」**です。

問題が発覚したきっかけは、2018年8月、「郵便局のかもめ~る販売のノルマが厳しい」という新聞社への投書でした。そういえば、私の知り合いの女性に、山口県にいる実家の母親が郵便局員という人がおり、東京に住むその人は毎年欠かさず上司や友人に年賀状やかもめ~るを個人的に売っています。「ぜひ、買ってください。母のノルマなんです」と。もし、売れなければ自腹で購入しなければならないそうで、郵便局が民営化され、局員も大変なんだなぁと思っていた矢先、この投書をきっかけに、「かんぽ生命も販売ノルマが厳しく、不正をしている者がいる」との投書が続き、問題が大きくなっていきました。

かんぽ不正販売により3333人という大量の処分者が出た！

調査してみると、不正販売の内容は、保険料の二重徴収や不適切な契約乗り換え（無保険期間状態）、解約は一定期間できないなどの虚偽の説明、無断での申込書作成、契約時に通院の事実を申し出たにもかかわらず告知書に記入しないよう促した事例など、出るわ、出るわの事態に。郵便局員を信頼し、印鑑まで手渡して保険契約をしていた人も多数いました。解約時期を意図的にずらして新規契約を装う「潜《せん》脱《だつ》行為」の最も悪質な販売の事例として、90代女性に10年間で54もの契約をとった内容が金融庁に報告されたそうです。

これにより郵便局員はノルマを達成し、契約者は必要以上に保険料を支払わされたり、逆に無保険のままにされたり、なかには保険金や給付金をもらいそこなったりしていたのでしょう。

あまりにもひどい実態に、**金融庁は業務停止命令**を出しました。

2021年3月時点で、一連の不正問題の郵便局員への懲戒処分は2251人、局員の上司にあたる郵便局長らの処分は686人にのぼりました。このほか、当時の本支社の役員や担当幹部らの処分は396人、かんぽ生命保険の不正販売問題の処分者はその他もあわせ3333人となり、日本の歴史の中でも巨大で悪質な詐欺事件に発展しました。

被害にあった人の多くは高齢者で、なかには局員との付き合いが長く、しょっちゅう顔を合わせている**「郵便局の親切ないい人」**だったとのこと。しかし、その中に**〝詐欺師〟**がいたわけです。

現在は処分に一定のめどがつき、業務改善のための策を構築したとして、自粛していた個人向け保険商品の勧誘を2021年4月1日から再開しています。

とたんに知り合いの編集者の家には郵便局から電話があり、「ぜひ、家に伺って一連の不祥事のお詫びと、現在契約されている保険内容の説明をしたい」との連絡があったとのこと。確かに訪問でお詫びはありましたが、これからは保険も投資の時代との説明を受け、個人年金保険のパンフレットを置いていったそうです。

一般の金融機関ならとっくに破綻している

かんぽ生命の不正販売がクローズアップされがちですが、ゆうちょ銀行による投資信託の不適切販売も問題です。その件については次項で説明しますが、かんぽ生命も、ゆうちょ銀行も、このまま営業し続けられるのか存続には疑問があります。

そもそも、ゆうちょ銀行が他の銀行と異なるのは、預金限度額があること。限度額は1000万円と思い込んでいる人がまだ多くいますが、2016年4月に1300万円、2019年4月からは限度額がさらに拡大され、通常貯金が1300万円、定期性貯金が1300万円の合計2600万円になりました。

郵便貯金に限度額があるのは、民間銀行を圧迫しないための策ですが、現在は、さほど脅威ではない様子がうかがえます。なぜなら、日銀のマイナス金利政策が長引き、民間銀行は今、預金を集めても貸し手がいなく、預金を運用する金融商品もないので、預金そのものがリスクになっているという裏事情があるからです。

そのような状況下、郵便貯金の預入限度額が2600万円に引き上げられました。

本当に有り余る預金を運用して利息を出せるのか、一抹の不安がよぎります。

郵便局は、いくら国のバックアップがあっても破綻リスクはゼロではありません。もし、民間の金融機関でかんぽの不正販売や投資信託のゴリ押し販売のようなことをやったら、とっくに破綻しているはず。もし、ゆうちょ銀行が破綻したら、預金保険制度により守られるのは1000万円とその利息だけであるのは他の銀行と変わりありません。すぐに解約をしないと危険という状況ではありませんが、郵便局の金融商品は徐々に遠ざけたほうがよさそうです。

一方、郵便局の「ユニバーサルサービス」は世界に誇れる郵便システムなので、こちらはどんどん利用しましょう。

郵便局で投資をするな！「投資信託」はリスク大

郵便局は貯金残高を知っている

かんぽ生命の不正販売問題は大々的に報道され、金融庁は業務停止を発令、3333人もの職員の処分が行われました。その陰に隠れた感がありますが、ゆうちょ銀行の**「投資信託の不適切販売問題」**も根深いものがあります。

2019年9月、ゆうちょ銀行は70歳以上の高齢者に対する投資信託の販売に対して社内規則違反が1万7700件、委託先である郵便局（日本郵便）を通じた販売が1891件あったと明らかにしました。

規則では、70歳以上の顧客に投資信託を販売する場合、営業担当者は個別商品の理解状況などを確認するため、申込受付前に管理者による承認を実施し、「勧誘すべきでないお客さまには営業しない」との社内規定がありました。しかし、この工程を多数怠っていたというもので、その割合は高齢者対面取引数の全体の43%、違反した店舗は全体の91%にのぼります。

これはあなたの**身近にある郵便局も違反店舗**と思ったほうがよいでしょう。

郵便局は高齢者への訪問販売が主体です。

しかも局員は個人の貯金残高を知っています。

お金は持っているけれど、金融知識の低い高齢者は、無防備な〝カモ〟。貯金残高が多い顧客に狙いをつけ、儲け話を全面に押し出し、投資信託を売って、売って、売りまくれという雰囲気があったと思われます。

あなたやあなたの親は郵便局員の口車に乗せられて、高いリスクの投資信託を買ってはいないでしょうか。

郵便局の投資信託だから安心・安全というわけではない

ここで郵便局の「投資信託販売金額ランキング10」を見てみましょう。安心・安全な郵便局が売っているとは思えない、リスクの高い投資信託が並んでいます。パッと見ただけでも「成長」「安定成長」「オープン」「バランス」「先進国」「スマート」「達人」など、**耳当たりのよい言葉のオンパレード**です。おそらく郵便局員は「貯金しても利息は付かないから、安定的に成長する資産が入っている投資信託を買ったほうがいい」と勧誘していることでしょう。顧客は「成長」と「安定成長」の区別もわからぬままに……（そもそも、安定成長する金融商品が今どきあるの？）。

いくら親しみやすい郵便局員が売っていても、たくさん儲かりそうな言葉が並んでいても、**投資に安心、安全、スマートはありません。**

「つみたて」の文字も10本中2本入っています。こちらは「つみたてＮＩＳＡ」か「ｉＤｅＣｏ」用なのかもしれませんが、そもそもギャンブルのように儲けたくてやる投資を、コツコツ積み立てでやること自体がナンセンスです（32ページ参照）。

そして、買うと一生バカを見る典型的な商品の「毎月決算型」が3本入っています。

●投資信託販売金額ランキング10（6カ月）

期間：2021年2月1日～2021年7月31日

基準価額：2021年8月6日時点

順位		投資信託名	基準価額（円）	前日比（円）
1	→	つみたて日本株式（TOPIX）	12,991	+2
2	↑	JP4資産バランスファンド（成長コース）【愛称：ゆうバランス 成長コース】	15,226	+55
3	↓	ダイワ・US-REIT・オープン（毎月決算型）Bコース（為替ヘッジなし）	2,610	+41
4	↑	つみたて先進国株式	17,336	+130
5	→	JP4資産バランスファンド（安定成長コース）【愛称：ゆうバランス 安定成長コース】	13,654	+36
6	→	スマート・ファイブ（毎月決算型）	9,540	+6
7	↑	ニッセイ世界リートオープン（毎月決算型）	3,320	+51
8	↑	セゾン資産形成の達人ファンド	31,012	+177
9	↑	大和 ストック インデックス 225ファンド	20,538	+69
10	→	野村6資産均等バランス	13,196	+21

※出典：ゆうちょ銀行

▶パッと見は「成長」「安定成長」「オープン」「バランス」「先進国」「スマート」「達人」など耳当たりがよく、初心者でも簡単に儲かりそうな言葉が並んでいるが、中身はリスクの高い投資信託が数多くラインナップされている。

詳しいことは36ページ以降を読んで欲しいのですが、「毎月決算型」と「毎月分配型」はイコールで、運用成績がよくても、悪くても、毎月決まった額の分配金が必ず出る商品です。運用成績が悪ければ元本が目減りしていくのですが、「年金代わりにこの投資信託を買ってはどうでしょう。１０００万円分を買えば、毎月数万円の分配金がもらえます。お小遣いになりますよ」などと勧められるでしょう。

営業担当者は巧妙に分配金を利息と勘違いさせ、購入者は中身を理解せぬままに買っている様子が目に浮かびます。

売り手のマジックに引っかからないで！

「投資信託販売金額ランキング10」には、まだまだマジックが隠れています。順位の欄で上向きの矢印は、基準価額が上がっている矢印ではありません。さらに前日比もこの日は全投資信託がプラスになっていますが、こちらも意味がありません。明日には**全部がマイナスになる可能性も十分にあり**、これも勘違いをさせたいテクニックなのです。

最後に基準価額の説明を少しだけすると、第3位の投資信託の基準価額は発売されたときは1万円でした。それが、現在は2610円になっています。この日に買う人はよいですが、発売当初の1万円で1000万円分を買った人は、現在は261万円になっています。けれども、毎月ちょこちょこと数万円の分配金をもらっているので儲かっていると勘違いし、いざ売却するとき、「こんなはずではなかった」と残念に思うかもしれません。

投資信託はいったん買ってしまうと、中身を見ぬまま放ったらかしにしている人が多いのが現状で、**元本割れを知って、あとでガックリしても自己責任**です。

今一度、運用報告書を確認しましょう。書類の中身がどうも理解できないと思うなら、売却してスッキリすることをお勧めします。

元本割れ「学資保険」に入る価値はない

「子どもが生まれたら学資保険」という思い込み

赤ちゃんの頃から親が貯めてくれた郵便局の学資保険を利用して、大学に行ったという人も多いでしょう。大学入学直前に満期になる200万円、300万円というお金は、18年もの間、親の給料から月々に積み立てられたとてもありがたいものです。「親が学資保険に入っているから大学に行くものだと思っていたし、不良になれなかった」という知り合いの50代の編集者もいます。

その編集者が利用した約30年前の学資保険の予定利率は5・5%前後ありました。100万円を積み立てれば、子どもが大学入学時に200万円になって戻ってきたという話も嘘ではありません。

だから、孫ができたら「学資保険ぐらい入っておきなさい」「どんな困難なことがあっても学資保険だけは取り崩してはならぬ」と子どもに諭す気持ちもわかります。気の早い人は妊娠中から郵便局の学資保険に入る人もいます。

でも、本当に学資保険は必要なのでしょうか。

教育費を学資保険で貯めると目減りする

郵便局の学資保険はかんぽ生命の保険の一種です。教育資金が貯められるほか、もし満期までの間に親が死亡したら、その後の保険料の支払いは免除され、子どもが18歳になったときに予定通りの満期金がもらえるという基本保障と、医療特約で子どものケガや入院の保障があります。

しかし、**この「保障」部分がくせもの**なのです。

ここでかんぽ生命のサイトでシミュレーションしてみましょう。出産直前に契約し、満期を300万円、保険料払済年齢を18歳としたら、月々の支払いは

1万4760円。総額を電卓で計算したら、318万8160円。月1000円の医療保障をつけたら約340万円。

もらえるのは300万円なので、**見事な元本割れ**です。

子どもの成長に合わせて、小・中・高と大学入学時に学資金が出るものはさらに元本割れしています。この差額はかんぽ生命の保険の原価と、収益と運営費にあてられます。

そもそも子どもに保険は必要なし

子どもの公的医療保険による医療費の自己負担は、子どもが小学校に入学するまでは2割負担で、その後は大人と同じ3割負担です。それに加えて各自治体では、子どもの医療費に対する助成を行っています。助成は住まいの自治体によって異なりますが、東京都区では、中学卒業年齢まで医療費の自己負担分は全額助成してくれますし、さらに区によっては高校卒業年齢まで負担してくれます。

つまり、**高校生になるまで医療費はタダか助成があります。**

さらに、子どもは、幼稚園や学校などで病気やケガに備える「災害共済給付制度」に加入している場合が多いので、親が保険に入る必要はないでしょう。

学資保険には万が一、子どもが死亡したときにも給付金が出ますが、死亡保障の意味合いであれば、一家の収入を支えている親以外は入る必要はないでしょう。

ゆえに、子どもに「保険」と付くものは必要ありません。

教育費はシンプルな積立定期でOK

子どもが進学したいというとき、「お金がないから諦めなさい」というのは悲しいものです。けれども、子どもの進学費用は時期がきたら必ず必要になるものであり、元本割れしたり、運用で失敗するなんてとんでもありません。

では、「学資保険でなければ何で貯めればいいの？」という声が聞こえてきますが、それは**シンプルな銀行の自動積立定期**でよいでしょう。今は超低金利で利息はゼロですが、**元本割れすることなく確実に貯まります。**

郵便局の「ユニバーサルサービス」はありがたく使う

郵便配達は「全国一律」「同一料金」で利用できる

これまで郵便局のマイナス面を書いてきましたが、郵便局には全国どこでも誰でも同じサービスを受けられる「ユニバーサルサービス」があり、これはとてもありがたいサービスです。

郵便配達は**「全国一律」「同一料金」**で利用できます。富士山の頂上でも、船で往復すると1日かかる離島でも、限界集落のポツンと一軒家でも、「はがき」は63円、「定形郵便」は25グラム以内は84円で配達されます。

対面で配達するA４ファイルサイズ「レターパックプラス」は５２０円、郵便受けに配達する「レターパックライト」は370円。小さな荷物用の「ゆうパケット」は、厚さ1センチ以内250円、2センチ以内310円、3センチ以内360円。フリマアプリやネットオークションの商品発送に便利な「クリックポスト」は縦34センチ以内、横25センチ以内、厚さ3センチ以内、重量1キロ以内で198円です。これらの配達料金は全国一律で、宅配便のように窓口やコンビニのレジに行くことなく、身近にある郵便ポストから差し出すことができ、最近の郵便ポストは投函口が大きくなっています。

差し出したこれらの一部の郵便物は、届け先に配達されているかネットの**「郵便追跡サービス」**を使って調べることもできます。

これらの「ユニバーサルサービス」を維持するため、民営化の約束として、**郵便局の局数は減らさない**ことになっています。局長1人、郵便局員1人での郵便局でもその維持費は年間2500万円ほどかかるそうですが、赤字の郵便局でも維持されるのは、元国営だった郵便局ならではのサービスです。

ゆうちょＡＴＭは24時間３６５日手数料無料

ゆうちょＡＴＭは全国に約３万台あり、これはどの金融機関よりも多い数です。通常の銀行のＡＴＭは平日８時45分～18時が時間内で、時間外に使おうとすると１１０円の手数料がかかります。その点、ゆうちょＡＴＭは全国津々浦々にあり、**時間外もなく、土日祝日含めいつ利用しても手数料は無料**です。

なお、２０２２年1月17日より、駅やショッピングセンターなどにあるゆうちょＡＴＭは１１０円の時間外手数料がかかるようになるので要注意。また、コンビニにあるイーネットＡＴＭも手数料無料の時間帯をなくし、平日と土曜日の日中が２２０円、夜間や休日は３３０円かかります。ローソン銀行ＡＴＭは現状より１１０円値上げします。これからは使うＡＴＭと時間帯を選びましょう。

現在、郵便局に１００万円を1年間預けても利息は20円しか付かない時代、時間外手数料で１１０円も払うのはバカバカしいもの。郵便局にあるＡＴＭがいつでも手数料無料なのはとてもよいサービスです。

1つの口座でキャッシュカードが2枚作れる

ゆうちょ口座は、自分のキャッシュカードとは別に**「代理人カード」**を作ることができます。これを利用すれば離れた家族へ仕送りをするのに振り込む必要がありません。例えば、地方から東京の大学に進学した子どもに代理人カードを持たせ、口座に生活費を入金してあげると、子どもはカードを使って東京のＡＴＭから引き出すことができます。通帳には引き出し日と金額が刻印されるので、子どもがどのようにお金を使っているかもわかります。

「ゆうちょダイレクト」は月5回振替手数料無料

郵便局もネットバンキングに力を入れています。「ゆうちょダイレクト」は照会、送金、貯金、資産運用などフルバンクの機能を備え、パソコンやスマホで24時間、どこにいても利用することができます。また、「ゆうちょダイレクト」を利用し、ゆうちょ銀行あて振替なら**月5回まで手数料が無料**、子どもの塾代や家賃など毎月の振り込みの手数料がタダで利用できるのはありがたいサービスです。

×マイホーム

まだの人は
買ってはいけない

日本人の人口が減り、家余りの時代が確実にやってきます。
持ち家の呪縛から解き放たれ、住むところも自由になるでしょう。
これからは、賃貸のほうが効率的で、自由で、楽しいかもしれません。

マイホームは「持たざる者」が
人生の勝ち組になる

都心でさえ空き家だらけになる

もし、現在40～50代で、家族がいるのに、未だに賃貸に住んでいることが恥ずかしいと思っている人がいたら、今日から大きく胸を張ってください。私は「持たないことは不幸ではない」と思います。

空き家の急増が広く知られるようになり、誰も住まずに朽ちていく家が問題となっています。総務省統計局の「平成30年 住宅・土地統計調査」によると、全国の空き家比率は昭和末期の１９８８年には９・４％にすぎませんでしたが、１９９８年には11・５％へと急増し、２０１８年は13・６％に達しました（同調査は5年ごとに実施）。

考えてみれば、**一人っ子と一人っ子が結婚し、マイホームを買ってしまったら、双方の親の家2軒が余ります**。今の親は地方から都心に上京し、都心で結婚をして家族を築いているため、その子どもたちの実家は都心となり、その実家があと数十年後には空き家になってしまうのです。

これからの日本は、**都心でさえ空き家が増える**のは間違いありません。

さらに、空き家の内訳を見ると、半分以上が賃貸用の住宅です。どうりでアパートの空室が目立つわけで、借り主から見れば〝よりどりみどり〟の状態です。

マイホームを持ってしまったらその場所から身動きができませんが、**賃貸住宅なら子育て中は都心で家賃の安いところを渡り歩き、年齢を重ねるにつれ広々とした家に住める郊外や、空気がきれいな田舎暮らしなど好きな場所に引っ越せる**ので、人生をエンジョイできると思います。

家もシェアリングの時代に突入

今、人口の増加や暮らし方の変化により、地球環境への負担が大きくなっています。地球温暖化やごみの問題、生物多様性の危機など多くの環境問題が発生し、このまま何もしないでいると、生活に悪い影響をもたらし、取り返しのつかないことになるかもしれません。

私たちにできることは、これまで推し進めてきた過剰生産や過剰消費を見直すこと。人々の消費スタイルは徐々に単独所有から共同利用へと変化しており、**シェア**

●空き家率は13.6%と過去最高

総住宅数に占める空き家の割合（空き家率）は13.6%と、2013年から0.1ポイント上昇し、過去最高となっており、これまで一貫して増加が続いている。

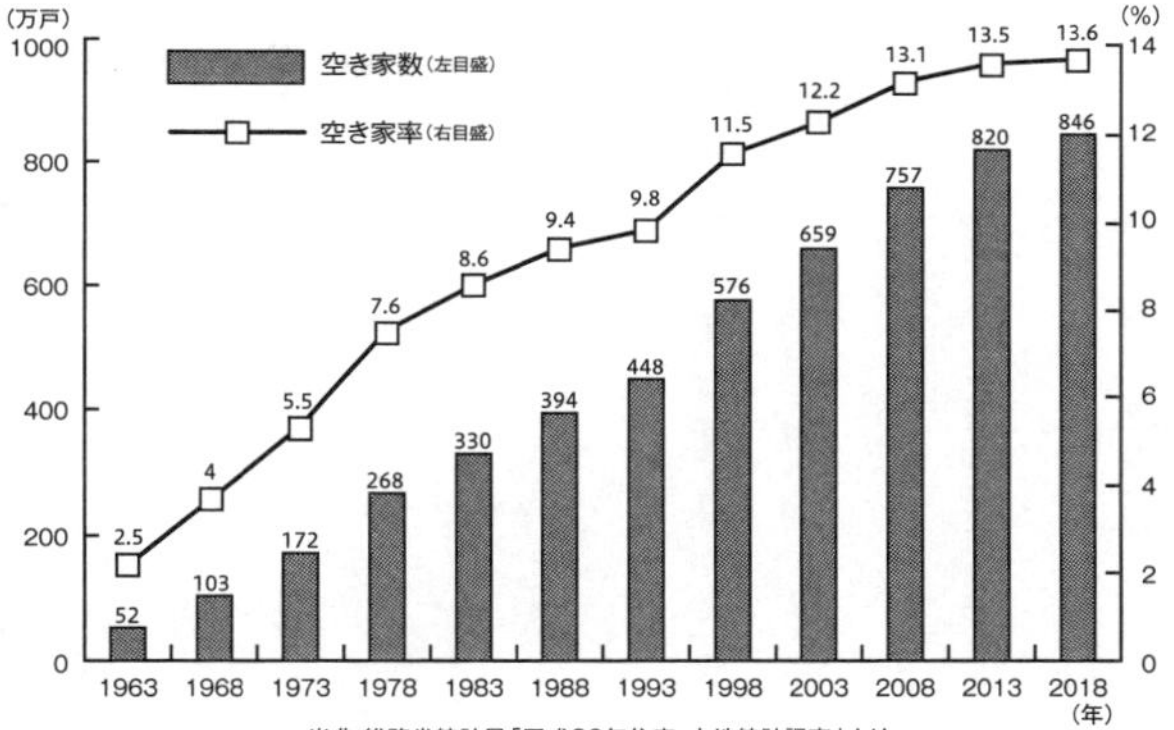

出典：総務省統計局「平成30年住宅・土地統計調査」より

●空き家の半分は賃貸用住宅

空き家の内訳を種類別に見ると「賃貸用の住宅」が431万戸（50.9%）、「売却用の住宅」が29万戸（3.5%）、「二次的住宅」が38万戸（4.5%）、「その他の住宅」が347万戸（41.1%）となっている。

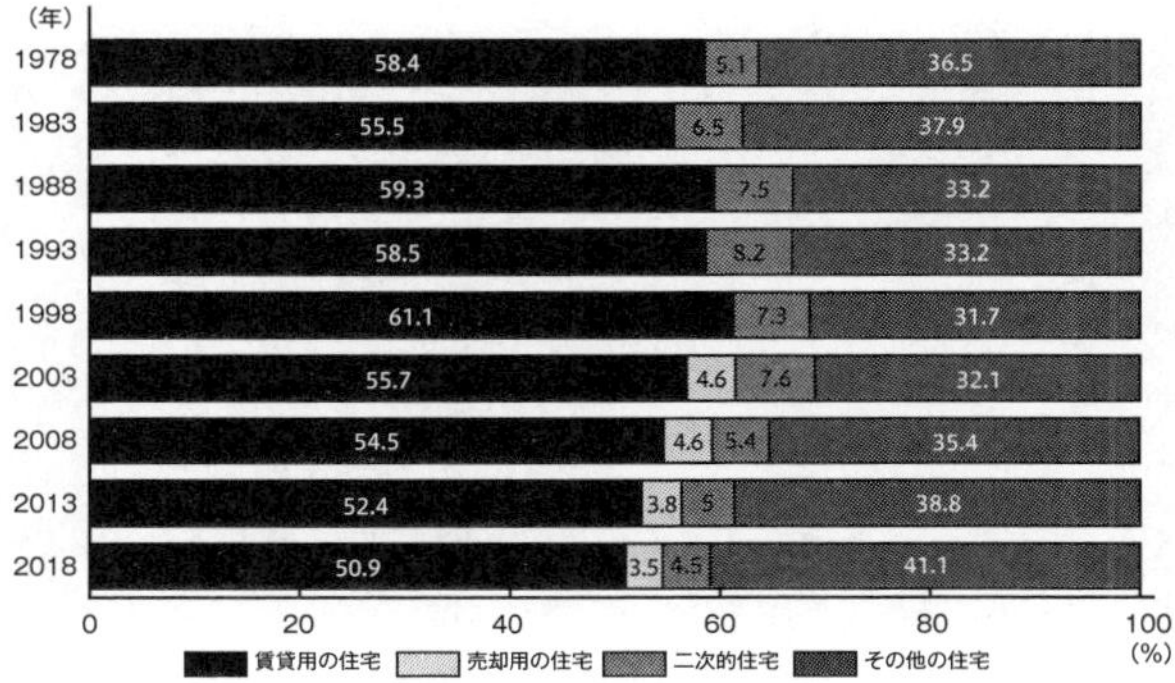

出典：総務省統計局「平成30年住宅・土地統計調査」より

リング・エコノミーが確立してきました。

環境問題に対する危機感は若い人ほど敏感に感じているようです。エコやもったいない精神は小学校で学習することもあり、驚くほど身についています。レンタルできるものはレンタル、購入はフリマアプリで中古品でも気にしない、自転車や車、洋服、バッグ、靴までも月額のサブスク（サービスを受ける期間に対して料金を支払うサービス）を利用し、「所有するよりシェアのほうがラク」といいます。彼らが「家を持つなんてナンセンス」と考えるのは時間の問題です。

高齢者でも家は借りられる

一生賃貸というと、「高齢になると、家を貸してもらえない」と心配する人がいますが、それも心配する必要はありません。

賃貸経営は、空室が最大の恐怖。貸したいと思う若者は人口減少で少なくなるのですから、**高齢者にも家を貸さなければ経営が成り立たなくなります。**

高齢者向け施設も20年もたてば今のシステムではないはず。「おひとりさま」ならぬ、人生１００年時代の遊び好きで体力のあり余った「おひとり老人」が街中を闊歩するのですから、80〜１００歳が共存共栄できる、超進化系のシェアハウスのような形態が登場するかもしれません。

ただ、「一生、家賃を払い続けていけるかどうか心配」という人もいます。確かに、年金暮らしで家賃を払うのは大変かもしれませんが、マンションを持っている人も、管理費や修繕積立金、固定資産税は一生払っていきます。一軒家もいつかどこかにガタがきて、リフォームが必要になるでしょう。

日本はセーフティーネットが充実しているので、**資産がなければ公営アパートという手もあり、老人でも借りやすいＵＲ賃貸住宅も、空室が増えていくのが目に見えているので、更新料なしで借り放題です。**

持ち家の呪縛から自由になる日は近いです。今、賃貸派の人は、住宅に関しては心配するどころか、ラッキーな状況となりそうです。

「家余り時代」到来、マイホームは資産にならない

資産にならないものを持っても仕方ない

家の資産価値とは、将来、売りたいと思ったとき、「いくらになるか」と家を現金化するときの価値です。私は「これからのマイホームは資産になるのか、ならないのか」という質問をよく受けます。

私の答えは、**「マイホームは資産にならない」**です。

家が余る時代がやってくるのはデータにも表れていて、この先、不動産は値上がりしないと思います。資産にならないものを持っても仕方ないので、安い賃貸を自由に渡り歩きながら、貯蓄を増やしたほうが賢明です。

「家購入VS.一生賃貸」は引き分け

よく住宅情報誌では「家購入VS.一生賃貸」の特集をやっています。住宅を売りたい情報誌なのだから、家を買うほうが勝ちになるのは当たり前です。

本当にそうなのか、私もシミュレーションをしてみました（129ページ参照）。計算の前提は、購入派は、35歳で3000万円の中古マンションを買うべく30年の住宅ローンを組み、65歳でローンを完済させ、そのマンションに80歳まで住むと仮定。一方、賃貸派は、家賃が月11万円の賃貸に80歳まで住むと仮定しました。

購入派は、月10万3536円の住宅ローンを30年間払い続けます。加えて家を維持していくために、固定資産税、管理費、修繕積立金、火災保険がかかり、合わせて月4万円は最低でもかかるでしょう。ちなみに一戸建てなら管理費と修繕積立金は必要ないというのは間違いです。一戸建ては外壁や屋根が途中で持たなくなるので、むしろ修繕費はマンションより多めにとっておかなければなりません。計算をしてみたら、購入派の住居費は6187万円になりました。

ただし、このマンションが購入時に築20年の中古マンションだと仮定した場合、65歳のローン完済時は築50年、80歳では築65年になっています。将来、老人施設に入る資金にするためにマンションを売ろうとしても、築65年、自身が45年も住んだマンションの資産価値は、よほど立地のよいところでない限りゼロと考えたほうがよいでしょう。

賃貸派は、シンプルに月11万円の家賃を80歳まで払い続ける計算をしてみると、住居費は６１６０万円になりました。賃貸ならより安価な家賃の物件に引っ越すということもできるので、選択肢が広がるでしょう。

一般的な例として、**金銭的な面からいえば、家購入と一生賃貸の対決はほぼ変わりなく「引き分け」です。**経済面だけで見ると、どちらが勝ちということはありませんでした。

マンションは老朽化が大問題になる

ここで、「金銭的に同じならば、何も残らない賃貸派より、最終的に家が残る購

●35歳で3000万円の中古マンションを買う？借りる？

マイホーム 賃貸派

家賃／月11万円
(うち管理費月1万円)
※80歳まで賃貸

★65歳までの30年間は…。

家賃(65歳まで)
132万円(年)×30年 …… 3960万円

更新費(2年に1回)
10万円(年)×15回 …… 150万円

★65〜80歳までは…。

家賃・更新料
132万円(年)×15年+10万円×7回 … 2050万円

合計6160万円

マイホーム 購入派

返済額／月10万3536円
借入金額 3000万円、返済期間 30年、
金利 1.5%、頭金 0円
固定資産税／1万円
管理費／1万円
修繕積立金・火災保険／2万円
※ 80歳まで持ち家と仮定

★65歳までの30年間は…。

借入金額3000万円
→利息を含む総返済額 …… 3727万円

諸費用
物件価格の10% …… 300万円

固定資産税
12万円(年)×30年 …… 360万円

管理費
12万円(年)×30年 …… 360万円

修繕積立金・火災保険
24万円(年)×30年 …… 720万円

★65〜80歳までは…。

固定資産税・管理費・修繕積立金・火災保険
48万円(年)×15年 …… 720万円

合計6187万円

賃貸 VS 購入 引き分け

賃貸派

メリット
○ 転勤や転職で身軽に引っ越せる。
○ 給料が減ったら安いところへ引っ越せる。
○ 将来は人口減少でいい物件に住めるかも。
○ シェアハウスなど借り方も自由。

デメリット
× 好きなようにリフォームできない。
× 老後も家賃を払い続けなければならない。
× 老後用の資金が多めに必要。

購入派

メリット
○ 一生住める家がある安心感がある。
○ 町内会などコミュニティが楽しめる。
○ 老後にはローンがなくなる。
○ イザというときには売れる。

デメリット
× 簡単に引っ越しができない。
× 失業しても住宅ローンは残る。
× 家のメンテナンス費用がかかる。
× 固定資産税や火災保険がかかる。

入派のほうが勝ちなのでは？　子どもに土地を残せるし」という声が聞こえてきそうですが、前述した通り、今後は空き家が増えていくので、**マイホームを買うなら売れないことを覚悟して買いましょう。売りたい人は増える一方ですが、買いたい人は減っていくのです。**

それでも欲しい人は、住宅ローンを30〜35年借りることになります。その間、夫の収入に変化はあるのか、妻は働けるのか、子どもの教育費はいくらかなど、住まい選びは「今」ではなく、将来を考えながら買ってください。

特に、マンションは今後、老朽化が大きな問題になります。築50年以上の物件はメンテナンスが悪いと外壁が剥がれ落ちたり、ガス管が腐食してガス漏れがしたり、地震のときには崩れるかもしれません。

住むだけで命にかかわるようなマンションが日本には乱立しており、子どもにしても古い家は必要とせず、「ここには住みたくない」といわれるのがオチです。「マイホームは資産にならない」と書いたのはそのような理由からです。

持ち家の呪縛から解き放たれよう

コロナ禍が長引き、働くスタイルも変化しています。都心で働く、都心に住むことにこだわらなくても、生活していける選択肢がたくさん出てきました。

現に若い世代は**「ネットがあればどこにでも住める」**と、不便な場所に苦痛を感じることなく、新たな生活スタイルを楽しんでいる人が増えています。車を持たずカーシェアリングを使い、格安スマホにフットワークよく乗り換えるなど効率的に暮らし、自分の好きなものには惜しみなくお金をかけています。

そろそろ日本人はマイホームを持って一人前という呪縛から解き放たれてもよいと思います。

都心に暮らすことだけが便利で、使い勝手がよいわけではありません。

医療の発達や生活スタイルから人生が長くなったので、一所に留まるのはもったいない。もっと自由に移動して、人生を謳歌したほうがよいと思います。

働く世代のうちは家賃の高い都心に住み、定年を迎えたら家賃の安い郊外や地方に引っ越しをするというのが理想のスタイルではないでしょうか。

全国どこに移動しても「定額住み放題」サービス新登場

全国どこにでも住むことができる

家に関して、斬新で夢のあるサービスが新登場しました。賃貸住宅に住む人に朗報です。

２０１９年に始まった「ＡＤＤｒｅｓｓ」は、北は北海道から南は沖縄県まで、空き家や使っていない別荘を募集し、住みやすいように改装。それを貸し出しするべく会員制度を設け、**全国どこへ移動しても月額４・４万円で定額住み放題**とするサービスを開始しました。

折しもコロナ禍でリモートワークが定着しつつある今、利用者は**「好きな場所に**

移動しながら仕事、生活するという夢」が、現在の家賃より安く適うわけです。移動は月に何度でも可能で、同じ個室の連続予約は、最長7日間までです。中高年の皆さんは昭和時代のユースホステルを思い出すかもしれませんが、現代はもっとスマートでオシャレ。普段の生活では出会うことのないさまざまなライフスタイルを送っている人たちと出会うことができ、「そんな考えもあったのか」と視野も広くなるでしょう。

このサービスを利用すれば、**仕事の時間と場所に縛られない「ワーケーション」という働き方が気軽に、簡単に実践できます。**場所を移動することで、頭も体もリフレッシュし、生産性が高まること間違いなし。もちろん、週末のみの別荘暮らしという、これまでは富裕層しかできなかった体験もできます。

移動先の家は電気代、ガス代、水道代はすべて込み、敷金、礼金、保証金などの初期費用も一切ありません。Ｗｉ－Ｆｉ、個室の寝具、キッチン、調理道具、家具、洗濯機がすべて完備されています。

さらに注目すべきは、家族（二親等以内）や固定のパートナー1名は追加費用なしで利用できること。一緒に泊まっても宿泊料はかかりません。子育て中の家族は難しいかもしれませんが、独身者や子育てが終了したリモートワークの50代夫婦や定年を迎えた熟年夫婦も、地方を巡りながら豊かな自然を楽しみ、ハッピーに暮らせそうです。

「評価」や「レビュー」で信用度を調べる

このようなシェアリングサービスは、ネットのマッチング機能を使い、空き部屋、会議室、駐車スペースや衣服のシェア、家事代行、育児代行、イラスト作成のマッチングなど多様な分野で登場しています。

シェアハウスについては、貸し手も借り手も防犯が気になるところですが、そこはネットの力を使います。施設そのものは利用者による「レビュー」や「評価」でレベルがわかるでしょう。評価は双方向であり、ホストからゲストへの評価も行われます。

また、会員の信用度は、写真入り身分証明書などから本人確認を行う「ＩＤ認証」、フェイスブックやアマゾンなどの認証情報を利用する「SNSコネクト」、利用者に起因する損害を補償する「ホスト保証制度」などで判断します。

地方の空き家問題を解決、ウィンウィンの関係に

今まで私たちは、家は1つ、住所も1つ、家族は仲よく一緒に暮らすのが当然と思っていました。けれども、ネットのおかげでどこでも仕事ができるようになり、場所に縛られない生き方が可能になっています。家族の絆もネットで構築できるでしょう。

住まいを複数拠点にし、気に入った場所で過ごすことは、そこで滞在者や地域とのコミュニティーが生まれ、地域の活性化にもつながります。

このような新しい考えのサービスは、今後、どんどん登場してくることでしょう。

マイホームを買った人は「住宅ローン」を一刻も早く返す

マイホームは「借金の塊」と思え

勘違いしている人が多いのですが、家は住宅ローンを完済するまでは資産ではなく、**借金の塊です**。借金を抱えながら株やiDeCoで投資をするのはおかしな話、それはお金を借りながらギャンブルをやっているのと同じです。

私がいつも声を大にしていっているのは、**「返済に勝る運用なし」**。**「豊かな老後は住宅ローンがないところで成立する」**のです。

今は史上最低のローン金利であり、借りられるだけ借りて、早く返さないほうがいいという専門家もいますが、その考え方には反対です。どんなに金利が低くても利息は必ずあり、借りたお金は利息も含め一刻も早く返してこそ、次の道が開けていくというものです。

新型コロナウイルスにしても、誰もこのような世の中になるとは予想しませんでした。何が起こるのかわからない不透明な時代に多額のローンを抱えていてはいけません。**借金を返せなくなったら、破綻の道へまっしぐらでしょう。**

すでに多額の住宅ローンを借りている人は、今から借入金額を少なくするために節約をし、少額でも繰り上げ返済をコツコツとすること。定年前にはローンを終え、身軽になっておくことが家計における優先事項です。

国がお金をバラまくのには理由がある

マイホーム購入時に、不動産会社から、「今は金利が史上最低レベルなので、35年ローンなら月10万円以下の返済で済みます。家賃を払い続けるなんてもったいない」。あるいは「今はお金を借りないほうが損する時代。皆さん、頭金が貯まる前にマイホームを手に入れていますよ」。さらには「ほとんどの人は繰り上げ返済を実行されるので、35年ローンでも大丈夫。ボーナス返済なしでローンを組んで、ボーナスで繰り上げ返済をすれば定年までにはローンが終わります」などとその気にさせられ、どれほどの人が身の丈以上のマイホームを購入してしまったことか。

国の大型住宅ローン減税（10年間で最大400万円控除、長期優良住宅で500万円控除。現在はコロナ対策で13年間に期間延長）もマイホーム購入を後押しするよい政策のように見えますが、**国が積極的にお金をバラまくときは、住宅が売れなくて困っているとき**と理解しましょう。

デベロッパーは、建設したマンションや狭小住宅を売り払ってしまえばそれで終了。銀行は少しでも長く借金をさせて利息を稼ぎたい。その家の将来の家計のことまでは知ったことではありません。売れるまでは甘い営業トークをいくつも繰り出します。

購入時は夢と希望が溢れるマイホームでしたが、今になって子どもの高校、大学の教育費とローン返済が重なり、家計がカツカツの人も多いのではないでしょうか。

老後に住宅ローンを残してはいけない

ここであなたの住宅ローンが完済するのは何歳か、確認してください。**60歳時点で1000万円以上残っていたら、老後破綻を免れない**可能性があります。

例えば現在50歳で、10年前に30年のローンを組んだ人は70歳で完済となります。この人は65歳までの再雇用時代もローンを抱え、さらに年金生活時代も返済が続くことになります。

住宅ローンは退職金で繰り上げ返済をして完済すればいいと考える人もいますが、**退職金は年金だけでは足りない部分を補う生活費です。**また退職金額も会社の業績によって満額が出るかどうかはわかりません。何度も転職をした人は勤務期間が短いので、退職金はないと考えたほうが賢明です。

老後は生活費、介護費、医療費で家計はいっぱいいっぱいになるでしょう。

年金はなくなることはありませんが、今は、まことしやかに「70歳受給説」が囁かれています。さらにマンション暮らしの人は、住み続ける限り管理費と修繕積立金をずっと払わなければならないので、ローンを抱えるのと同じこと。一戸建てにしても外壁や屋根にガタがきたり、介護用に改装するなどの修繕が必要です。

私は常々、マイホームを持っている人は**「50歳で貯蓄額とローンがプラスマイナスゼロなら勝ち組」**と定義しています。借金がなくなった50歳から65歳の15年間、少なくとも住宅ローンで払っていたお金の分は貯められるはずで、それが働けなくなったときの資金になるでしょう。

あなたは勝ち組か、老後破綻か、今こそ将来を考えてみましょう。

マイホームを売る、貸すという手も

住宅ローンが完済すれば、自宅を売る、貸すという道が開けてきます。子どもが独立して、夫婦2人になったら、広い間取りの家は必要なく、また定年後は通勤に便利な場所に住む必要もありません。

自宅を売るメリットは、まず老後資金を増やすことができます。さらに修繕費用や固定資産税、火災保険、マンションなら管理費や修繕積立金などのランニングコストから解放されます。売却してまとまったお金を手にしたら、地方や海外で暮らしたり、実家に帰って年老いた親と同居するというのも、今は悪くない話です。

一方、自宅を貸すメリットは、毎月の家賃を手にすることができます。自宅を月13万円で貸し、月8万円で郊外のUR賃貸住宅に住めば月5万円の利益が出ます。家の維持費はその後もかかりますが、利益の一部から出すことで身銭を切らずに済みます。

やっと手に入れたマイホームでも、**一生ここに住むという考えに固執することなく、**何事も柔軟に考えていきましょう。

第二部

これだけはやっておこう

――働く
――年金
――家計
――貯蓄

働く
これだけはやっておこう

長く働くことが当たり前になるこれからは、「稼ぐ力」があるのとないのでは、雲泥の差が出ます。現役時代からさまざまなことに挑戦しておきましょう。

成功も失敗も糧になる「副業」で稼ぐ力をつける

みずほ銀行「週休3日・4日制度」の衝撃

「年功序列」と「終身雇用」が基本となっていた日本型の雇用が崩れ、「能力主義」での評価に移行しつつあります。いつ早期退職の募集が始まるのか、自分は必要とされているのかわからない……と、戦々恐々としているサラリーマンも多いはずです。

国が進める働き方改革では、雇う側に都合のよい「長時間労働の是正」「柔軟な働き方がしやすい環境整備」などが進められてきました。奇しくもコロナ禍でテレワークに切り替える会社が増え、表向きは、長時間労働問題は解決されたように見えます。

そのような状況下で、金融業界で衝撃だったのが、みずほフィナンシャルグループの「週休3日・4日制度」の導入です。会社側の発表では、「制度導入で多様な働き方を可能とし、さまざまな価値観を持つ社員が活躍できる会社にしていく」とありますが、勤務日数が減ることで給料が減り、週休3日なら前の給料の8割に、4日なら6割に減るそうです。これまでの収入を維持したければ、大手銀行でさえ、「減った分を自分で何とかしなさい」ということになります。

このような動きに対応するには、1つの仕事だけに頼らないで、複数の収入源を

持つことが必要です。それが、将来のリスクヘッジになるのです。

人生100年時代を迎え、自分ならどんな副業ができるのか、真剣に考える時期がやってきました。

企業側から見た副業

副業について、これまでは企業秘密の流出を防ぐため禁止する会社が多かったのですが、2018年に厚生労働省が「副業・兼業の促進に関するガイドライン」を発表し、「モデル就業規則」を改定。副業・兼業を容認したことから、「副業OK」の会社も増えました。ソフトウエア開発会社・サイボウズのように、積極的に副業を勧める会社も出てきています。

企業が副業を解禁するメリットは、「優秀な人材を確保する」というのが最も大きな理由のようです。優秀な人材であればあるほど引き抜きの誘いや、会社を通さず直接仕事を依頼されます。その結果、「会社を辞めようかな」と考え、より魅力的で自由度の高い会社へと転職してしまうケースが多いのです。

そのような状況下、企業は先手を打って「優秀な人材を会社に留めておくために、副業を容認しよう」と発想を大転換し、社員が働きたいように働いてもらう仕組みに徐々に変えており、副業を認める会社が若者の間で人気企業になっています。

さらに会社は、副業を通じて出会った人脈や、まったく知らない分野の知識や情報など、外部からの刺激が本業に還元されることを期待しています。

クラウドソーシングで副業を試す

世の中が変化し、できる人は会社を飛び出して転職をし、最近は会社にしがみついている人は仕事ができない人間と思われる節があります。

転職によって給料やポジションがあがる「キャリアビルダー」は、前職や副業が評価されるので、そこを大々的にアピールします。

しかし、副業といってもさまざまで、週末に趣味で花屋やパン屋などで働く人や、ペンションの経営、ユーチューバーとして報酬を得る、空いている時間でコンビニや飲食店で働く、引っ越し作業のように日払いの体力仕事もあります。

体力を使う仕事は躊躇するという人は、クラウドソーシングを活用しましょう。

クラウドソーシングとは、企業が不特定多数の人に業務を発注する業務形態です。**「クラウドワークス」や「ランサーズ」などの仕事を依頼したい企業と仕事を受けたい人をマッチングさせるプラットフォームを活用して、**できそうな仕事を探してみましょう。

また、**教えたい人と学びたい人をつなぐ「ストアカ」**に登録して、得意なことを人に教えたり、**知識・スキル・経験を売り買いできる「coconala（ココナラ）」**で自分のスキルを提供することもできます。

将来のことを考えたら、介護施設で働くのもよいでしょう。週2日や短時間で入れる仕事もあるので、探してみてください。実際に介護施設で働くと、介護業界の生の情報を得ることができます。その情報や知識は、親や自分に介護が必要になったときに役に立つでしょう。

会社員のうちに副業で仕事を試しながら、今後の働き方を模索しなければ。意外な稼げる手法や夢、今後、取り組みたいことが見つかるかもしれません。

今どきのサラリーマンは出世以外で活路を見出す

副業を推奨してきましたが、「自分にはできる副業がない……」という人は、本業を深めることで収入をアップさせることができます。

まずは収入を増やす方法として、最大の行為は「働くこと」です。サラリーマンは、「毎月の給料が決まっているので、収入を増やすことなんてできないよ。働き方改革で残業も減っているし」というでしょう。しかし、サラリーマンはよほどのことがない限りクビにはならず、安定しています。

ただし、「会社のために働き、出世を望むことはサラリーマンとしての正しき道」という時代は終わりました。営業成績を上げたり、部下から慕われるようになったり、仕事の延長線上の資格を取ったり、英語や簿記など勉強をする努力を怠らず、結果として出世できればいいですが、そうならないケースも多いでしょう。

今できることは、**自分の仕事にしっかり取り組み、スキルを上げ、イザとなったらどこでも使ってもらえる人になる**のが、サラリーマンとしての正しき道です。

家族全員で働き、子どもを「不良債権」にしない

家族みんなで働くことで、世帯年収を上げていく

2019年には共働き世帯が1245万世帯、専業主婦世帯が582万世帯となり、共働き世帯が専業主婦世帯の2倍以上になっています（厚生労働省「令和2年版 厚生労働白書」より）。もう夫が1人で働いて家族を養う時代ではありません。**働ける人は、妻も子も家族全員で働いて家計を支えないと生活ができません。働き手が1人増えると、世帯収入が大きく増えます。**

妻はもっと働きたいのに、それを阻むのが夫であることも少なくありません。妻が働くのなら、夫も家事の分担を申し出るくらいの気持ちが必要なのに、「家事を

おろそかにしないように」「家事が手抜きになるのは困る」「子育ては大丈夫か」と小言をいうようでは、妻の働く意欲がそがれます。

家族総出で働いて、家事を分担し、支え合えるように話し合ってみましょう。

働く子どもからは家賃と食費を徴収する

最近は、子どもが学校を卒業しても働かず、不良債権になりがちなのも心配です。文部科学省の「学校基本調査」（２０２０年）では、正規の職員等として就職した人が約78％いる一方で、就職も進学もしていない人が7・1％おり、14人に1人は大学を卒業しても働いていないというデータもあります。

学校を卒業した子どもが働かず、自立せずに不良債権化してしまったら、親が一生面倒を見なくてはならなくなり、自分たちの老後の計画どころではなくなってしまいます。

家に住みながら働いている子どもからは、キチンとお金を取るようにしましょう。食費を含めた部屋代として、月に3万〜5万円くらいは家に入れて当然。独立して一人暮らしをすると思ったら安いものです。親子間のやりとりは、いい加減になりがちなので、市販の賃貸契約書に署名をさせるくらいすれば、少しは強制力が増すでしょう。

その際、親の収入状況や、家計の維持にかかっているお金、老後の年金生活になるとどうなるのかなどを子どもに話しておくとよいです。**子離れ・親離れしにくい時代だからこそ、お金のことはキチンとしておかないと、子どもにかかる費用が親の老後に食い込んできます。**

さまざまな家庭を見ていると、大切なのは、親の側から早く子どもを突き放すことです。親にとってはいつまでもかわいい子どもですが、永遠にすねをかじらせ続けることはできません。

独立した子どもが就職し、何らかの事情で心折れて会社を辞め、家に戻ってきたら、一定の治療が必要です。けれども、治ったら社会に出て行くように促しましょう。かわいそうな子だからと自宅に住まわせて援助し続けると、そこから抜け出せなくなります。

農林水産省の元事務次官が引きこもりの息子を殺した痛ましい事件もありました。親子共に自立を目指さないと、共倒れしてしまいます。

勉強よりも稼ぐ力がいちばん大事

日本では勉強することが大事だと子どもを育てますが、もはや、優秀な学校を卒業し、一流企業に就職すれば一生安泰という世の中ではありません。親世代の常識は通じないことに気づいてください。これからの子どもに大切なことは、社会に出て稼ぐ力をつけることです。

転職も起業も独立も自由で、稼ぐ力があればどんな形でも働ける時代となりました。以前は「家に引きこもってネットばかりして」といわれていましたが、今は家にいてもネットで稼げればＯＫ。そこから家にお金を入れてもらえばいいのです。

親の常識は、今の子ども世代には当てはまらないので、意見や説教をしても役に立ちません。**今の子どもは、子どもの世界で生きていくのだから、その世界でいちばんいい方法を早く見つけることが大切なのです。**

お金が邪魔になることはない。働ける限り働いて「稼ぐ」

働き続けることで社会とつながる

２０２１年４月から「改正高齢者雇用安定法」が施行され、企業は、従業員が70歳になるまでの就業確保措置を講じることが努力義務となりました。これからはどのような形でもいいので、定年後も働く時代になったのです。もちろん、働いて稼げれば、その分老後資金を取り崩さずに済み、経済的な不安が軽減します。

同時に、**働くことで社会とのつながりが持てます。そこで自分の存在が認められるという点が、実はとても大事です。**

「働くのはもういいいや」と家に引きこもって隠居生活を送るようになると、男性は特に社会とつながることができなくなってしまいます。働くことの楽しさは、人や社会とつながる楽しさでもあります。働くことが可能なうちはできるだけ働いて、社会から求められている実感を得ながら人生を楽しみましょう。

現役時代に部長などの管理職だった人は、どうしてもその態度が次の職場で出てしまいうまくいきません。かつての肩書は捨てて1回リセットしてから、次の仕事に移行するようにしましょう。

定年後は、仕事を選びながらチャレンジを。体に無理なことは控えてください。万が一ケガや病気になってしまったら、そのほうが高くつきます。

会社に残るか、定年で辞めるか

国からの要請により継続雇用制度を導入する企業が増えましたが、会社に残るか、定年で辞めるかの選択は人によって違います。

人から命令されたことをやるほうがラクな人は、会社にしがみつきましょう。新しいことに挑戦したい気持ちがある人は、転職や起業を選びましょう。

一般的に、会社に残れば慣れた仕事が続けられることと、厚生年金や健康保険に加入しながら働けるというメリットがありますが、給料が半分程度にガクッと減ることを覚悟しなければなりません。部下だった人が上司になる可能性も高く、居心地のよい職場とはいえなくなる事態も想定できます。

一方、定年で辞める場合は、これまでのしがらみに縛られない働き方が選べるという点はメリットですが、再就職先が見つからない、起業するための事業が思いつかないという事態になれば、仕事を失うことになりかねません。個人事業主になるなら、国民健康保険に加入することになり、会社員時代に保障されていた、病気やケガで仕事を休んだときに出る「傷病手当金」が受け取れなくなるなど、保障が減る部分が出てきます。

起業するときは、親戚や妻にお金を出してもらわない

定年後に起業することを選ぶ人もいるでしょう。そのときの注意点は、親戚や妻にお金を出してもらわないこと。**親戚や妻からお金を出してもらうことは簡単です**

が、事業は失敗しやすい。事業に対する取り組みが甘くなりがちになるからです。

成功の秘訣は、金融機関からお金を借りること。金融機関にお金を借りるためには、事業計画を密に立てないといけないので、本気で事業について考え抜くことになります。

融資を望むなら、**創業支援の融資を積極的に行っている日本政策金融公庫の門を叩きましょう。**

日本政策金融公庫に事業計画書を出しても、最初のものではまず通りません。どうしてその事業計画書では融資を受けられないのか、創業支援のプロに何度もダメ出ししてもらいながら、計画をブラッシュアップしていきましょう。問題点をとことん聞いて、ダメ出しされたところを考え直し、再提出するという作業を繰り返すと、徐々にいい事業プランになっていき、成功する可能性が高くなります。

このような作業をめげずにやれる人は、独立・起業しても大丈夫です。

挑戦しないで「長生き」する人生なんて意味がない

年齢で自分を縛ってはいけない

「自分はもう50代だから」などとは考えずに、自分の年齢は忘れて行動しましょう。例えば、49歳と50歳を比べてもさほど違いはなく、「45歳と55歳はどう違うか」といっても個人差があります。45歳より55歳の人のほうが感覚的に若いこともあります。

自分の足で立っていくための試行錯誤ができるのが50代です。

今は60代でも70代でもパワフルに行動できますが、年齢と共にだんだん厳しくなる部分は確実にあります。その点50代はまだまだ、これからの可能性を秘めています。70歳まで働くためには、50代の今から新しいことを始めても、10年かけて自分のモノにすれば十分に間に合う年齢です。

定年までに身につけたいパソコンのスキル

定年までにやっておきたいのはパソコンのスキル習得です。コロナ禍で一層、社会のリモート化が進み、会社に残るにしても、ほかの仕事をするにしても、長く働き続けるためには必要なスキルとなります。

もうすぐネットネイティブ世代が社会の柱になる時代がきます。そこでパソコンを使いこなせなかったら、「お呼びじゃない？」という状態になってしまいます。

ネットが駆使できれば独立起業した場合でも事務所は必要ありません。身軽にできることが成功のカギです。物販商売をするにしても、ＥＣ販売なら在庫不要で参入しやすいし、もし破綻しても損害が少なく済みます。

必要なのは、「特別な技術」＋「パソコンのスキル」。私のような仕事の場合は、「原稿を書ける技術」＋「パソコンのスキル」になります。

特別な技術に関しては、これまで自分がやってきたことの中から、特技やできることを考えてみましょう。

教育訓練給付金は使える

資格を取りたいなら、会社にいるうちに取得しましょう。現役時代もしくは退職の翌日から受講開始までが1年以内なら、「教育訓練給付制度」が使えます。

使いやすいのは「一般教育訓練給付金」で、資格取得やスキルアップのための受講費用などの一部が給付されるものです。厚生労働大臣が指定する教育訓練を受講し、修了すると、入学金・受講料の20％が支給されます。10万円が上限で、4000円未満は支給されません。

専門的・実践的な教育訓練に対しては、「専門実践教育訓練給付金」があります。事前にコンサルティングを受けて、就業の目標、職業能力の開発・向上に関する事項を記載したジョブカードの交付を受け、厚生労働大臣が指定する教育訓練を受講する場合に使えます。支給額については、受講中はかかった費用の50％で、資格を取得し、かつ修了した日の翌日から1年以内に資格を生かして就職したら20％が上乗せされ、70％が支給されます。対象となるのはＭＢＡ、看護師、介護福祉士、社会福祉士、キャリアコンサルタントなどの教育訓練です。

どうせ勉強するなら「教育訓練給付制度」が使えるうちに勉強して、資格を取りましょう。

老後にお勧めなのは農業

老後にお勧めなのが、家庭菜園で野菜を作ることです。**体を動かすことは健康によく、自分で作ったものを自分で食べるのはとても贅沢です。**周囲の人に配って喜ばれると、人とつながることもできます。お金をかけずに楽しめて、健康になれる。いいことずくめです。

市民農園の情報は、農林水産省の「全国市民農園リスト」で検索できます。市民農園を借りて、隣の区画の人とも交流しながらの野菜作りは、楽しい老後を実現する要素の一つになるでしょう。

年金

これだけはやっておこう

老後に受け取る年金は、何だかんだいっても生活の柱。現役時代の準備やもらい方で、年金を増やす方法が多々あります。知って得する年金の話を紹介しましょう。

あなたが将来もらえる「年金」がもっと増える！

「ねんきん定期便」をチェック

漠然と「老後が不安だ」と心配するその前に、将来もらえる年金額がいくらになるか知らなければ事は始まりません。老後の生活費のうちのどれくらいを公的年金でまかなえるかは、これから貯めるべき老後資金にも関わってきます。

年金は、働き方によって入る年金制度が異なり、厚生年金なら収入によってもらえる額が決まり、また、日本の経済動向によってもらえる額が変わってきますが、現時点での「見込み額」は1円単位で知ることができます。

年に一度、誕生月にハガキで、35歳、45歳、59歳の年には封書で、日本年金機構から郵送されてくる「ねんきん定期便」には、あなたが長年納めてきた年金保険料の情報が記載されています。

また、50歳以上の「ねんきん定期便」には、現在の加入条件が60歳まで続くと仮定した年金の見込み額が記載されています。50歳未満の「ねんきん定期便」には、これまでの加入履歴に応じた見込み額が記載されており、こちらは今後支払う年金保険料を考慮せず、これまでに支払った分だけで計算しています。

「ねんきんネット」の試算はやったほうがいい

もっと詳しく知りたい人は、日本年金機構の「ねんきんネット」を活用してください。「ねんきんネット」では、年金の加入記録、見込み額、電子版の「ねんきん定期便」の閲覧などができます。

サイト上で見込み額を試算することも可能。60歳まで現在と同じ条件で加入し続けた場合の見込み額や、自分で今後の加入条件を細かく設定した見込み額などを試算できます。

試算すれば興味深い数字が出てくることでしょう。「こんなに少ないなら、自分でお金を貯めなければ」、あるいは「意外と多いから、これなら暮らせる」のどちらかです。

利用するには登録が必要です。年金手帳などに記載されている「基礎年金番号」と「ねんきん定期便」に記載されているアクセスキー(有効期限が切れている場合は、ねんきんネットに接続して取り直せる)で利用申し込みを行い、交付されたユーザーIDとパスワードを登録して、利用しましょう。

現役時代にできる年金額を増やす方法

自分の年金額を増やしたければ、次のような方法があります。

厚生年金は収入を増やす、もしくは働き続ける期間を長くすると増えます。**60歳以降も会社の継続雇用なら厚生年金に加入しなければならないので、その分受け取る年金額はぐんと増えます。**

国民年金は、付加年金に加入する、未納期間があれば、60歳以降任意加入するなどの方法で増やせます。付加年金は、国民年金の保険料に月額400円を上乗せして支払うと、将来もらう老齢基礎年金に200円×付加保険料納付月数の付加年金がプラスされます。例えば、10年間、月400円の付加保険料を払うと、4万8000円になりますが、老後に受け取る年金額は年2万4000円増えるので、2年で元がとれ、その後は長生きするほど丸々の儲けになります。

国民年金の加入期間は、基本的には60歳までですが、それ以前に未納期間があれば、60歳以降も任意加入して保険料を納めれば、加入期間を40年まで伸ばせて、将来受け取る年金額を増やすことができます。

年金のもらえる額を「184%にする方法」はこれだ

年金の受け取り時期は自分で決められる

原則として公的年金の受け取り開始年齢は、65歳です。しかし、60歳から早くもらい始めることも、70歳から遅くもらい始めることもでき、受給開始時期は自分で決めることができます。

65歳前からもらう年金を「繰り上げ受給」といい、早い時期から長い期間年金をもらうことになるので、1カ月繰り上げるごとに年金額が0・5%（2022年4月1日以降、60歳に到達する人を対象として0・4%に改定）減額されます。繰り上げ受給は、一度請求すると減額率は一生変わらないので、よく検討してから決断

●年金が75歳まで繰り下げられるようになった

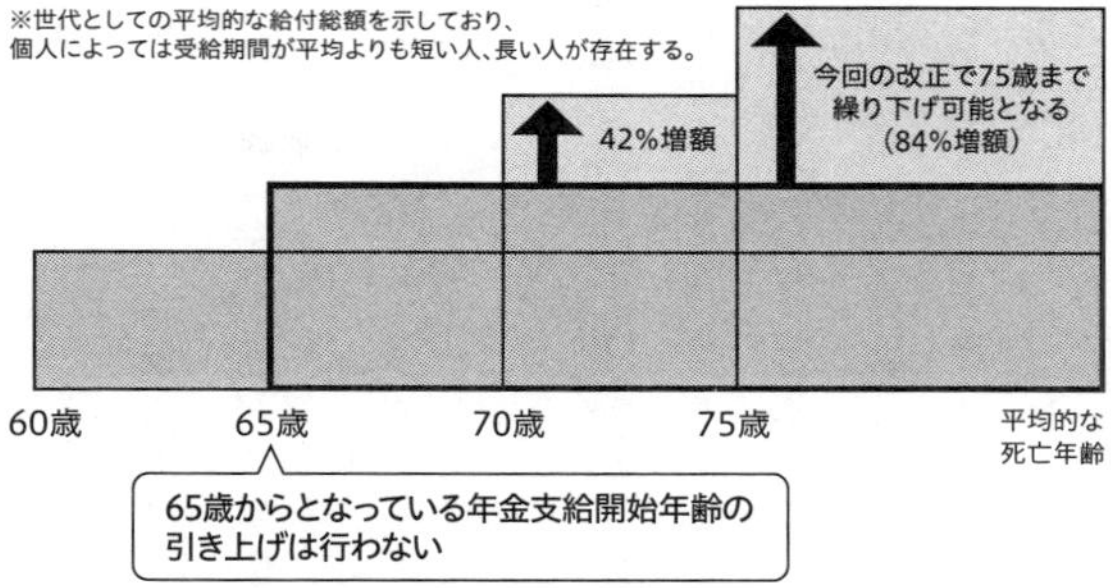

●年金の繰り下げ受給による増額率

請求時の年齢	増額率	受給額の例
65歳0カ月	100.0%	15万円
66歳0カ月	108.4%	16万2600円
67歳0カ月	116.8%	17万5200円
68歳0カ月	125.2%	18万7800円
69歳0カ月	133.6%	20万400円
70歳0カ月	142.0%	21万3000円
71歳0カ月	150.4%	22万5600円
72歳0カ月	158.8%	23万8200円
73歳0カ月	167.2%	25万800円
74歳0カ月	175.6%	26万3400円
75歳0カ月	184.0%	27万6000円

(71歳0カ月〜75歳0カ月：2022年4月より開始)

※厚生年金保険受給者の平均年金月額が14万6162円(令和元年度)のため、
受給額の例を15万円と設定した。

しましょう。

一方、65歳以降70歳までもらう年金を先延ばしすることを「繰り下げ受給」といいます。こちらは**遅くから短い期間年金を受け取ることになるので、1カ月繰り下げるごとに年金額が0・7％増額されます。**前ページの図表のように、1年繰り下げると8・4％、5年繰り下げて70歳から受け取るようにすると本来もらえる額の142％になります。

75歳まで繰り下げると184％になる

2021年4月、「改正高年齢者雇用安定法」が施行され、70歳までの就業確保が努力義務となりました。**高齢者が大手を振って働く時代の到来です。**高齢期の働く期間が延びることを踏まえ、高齢者が自身の就労状況などに合わせて年金受給の方法を選択できるよう、2020年5月に成立した「年金制度改正法」では、繰り下げ制度について、より柔軟で使いやすいものにするための見直しが行われました。

現行制度では、60歳から70歳まで自分で選択可能となっている年金受給開始時期について、その上限が75歳に引き上げられました。繰り下げ増額率は1カ月につきプラス0・7％となります。この制度改正は、2022年4月から適用され、2022年4月1日以降に70歳に到達する人（昭和27年4月2日以降に生まれた人）が対象です。

つまり、**75歳まで我慢すれば、受取額は本来もらえる額の184％です。**受け取る年金の総額は、金額×期間で決まるので、定年後も働き続ける人は、なるべく年金の受給を遅らせましょう。ただし、90歳まででは有利にならないので、100歳まで元気に生きるつもりで生活しましょう。

加給年金をたくさんもらうテクニック

繰り下げ受給をするときに気をつけたいのは、**厚生年金の繰り下げ期間中は、本来受け取る予定だった「加給年金」が受け取れなくなることです。**

加給年金とは、20年以上厚生年金に加入して保険料を払い続けている夫が、65歳になって年金をもらい始めたときに、夫よりも年下で扶養されている妻がいる場合に支給される家族手当てのようなものです。

また、加給年金は、妻だけではなく18歳未満の子どもや、20歳未満で1級または2級の障害を持った子どもがいる人も、それぞれの年収が850万円未満なら加給年金が支給されます。

国民年金と厚生年金の受け取り時期をずらす

覚えておいてほしいのは、**年金の繰り下げ受給をするとき、国民年金（老齢基礎年金）と厚生年金（老齢厚生年金）を分け、それぞれの受け取り開始の時期が決められるということです。**


例えば、老齢基礎年金の部分が月5万円、老齢厚生年金の部分が10万円だとすると、老齢基礎年金を65歳から受け取り、老齢厚生年金の10万円を75歳まで繰り下げすれば、老齢厚生年金が184％になるため、75歳からは老齢基礎年金5万円＋増えた老齢厚生年金18万4000円で、23万4000円が生涯受け取れます。

加給年金の受給がある人はこの逆で、老齢厚生年金を65歳から、老齢基礎年金を

75歳からにするとよいでしょう。なぜなら、厚生年金を受給する場合にのみ、一緒に加給年金が受け取れる仕組みになっているからです。

年下の妻がいて加給年金をもらえる人は、厚生年金は65歳からもらって加給年金をもらいそびれないようにし、国民年金は75歳からもらうテクニックがあります。この場合は、老齢基礎年金が184％になって9万2000円＋老齢厚生年金は10万円で、75歳からの受給額は19万2000円です。

また、夫と妻の年金受給開始時期をずらして受け取るというテクニックもあります。繰り下げを選んだあとに受け取る際には、「繰り下げによる増額請求」のほかに、「増額のない年金をさかのぼって受給」を選ぶこともできます。**繰り下げ請求をせず、66歳以後に65歳にさかのぼって、本来支給される額の年金を一括で請求するのです。これはまとまったお金が必要な場合の選択肢になります。**

このように年金を増やすにはさまざまなテクニックがあります。年金は65歳からもらい始めるのではなく、働き方や家計の状況に合わせ、受け取り方の工夫をしたほうがよいでしょう。

「定年後」も働くともらえる年金額が増える

年金をもらいながら働くのが理想

原則として60歳で年金保険料の払い込みは終了しますが、その後も継続雇用で働くことを選んだり、ほかの会社に転職をする人は、厚生年金に加入し続けます。

そこで、**「在職老齢年金制度」**を知っておく必要があります。

「在職老齢年金制度」とは、企業に雇われ、給料と年金の合計額が一定以上になる60歳以上の老齢厚生年金受給者を対象として、全部または一部の年金支給を停止する仕組みです。

こちらも今回の年金制度改正法で見直されました。60～64歳に支給される特別支給の老齢厚生年金を対象とした在職老齢年金制度について、2022年4月から、**年金の支給が停止される基準が現行の賃金と年金月額の合計額28万円から47万円に緩和され、賃金と年金月額の合計額が28万～47万円の人は、年金額の支給停止がなされなくなります。**

年金法の改正で定年後の就労を後押し

この改正で、多くの人が「年金額が減らないように、収入が一定の額に収まるように調整しながら働く」という働き方をしなくて済むようになります。

60～64歳の在職老齢年金制度について、厚生年金の支給開始年齢の段階的引き上げが完了する2025年度（女性は2030年度）以降は、対象者はいなくなる予定です。

なお、65歳以上の在職老齢年金制度について、現行の基準は47万円で、この点についての変更はありません。

在職老齢年金制度は、厚生年金に加入しながら働き、厚生年金を受け取っている人が対象となるものです。会社員や公務員は対象になりますが、自営業やフリーランスになれば、いくら収入があっても年金はカットされません。

また、今回の年金の制度改正では、「在職定時改定」という制度が新設されます。これは、65歳以上の在職中の老齢厚生年金受給者について、年金額を毎年10月に改定し、それまでに納めた保険料を年金額に反映する制度です。これまでは、退職するまで老齢厚生年金の額は改定されなかったため、この制度の導入で、就労を継続しながら年金が増える実感を得ることができるようになります。

継続雇用で働く人の退職は64歳11カ月がベスト

勤務先の継続雇用で働くことを選んだ人は、定年後65歳まで働いて退職し、その後、年金生活に入るパターンが多いのではないでしょうか。その場合、**退職するなら65歳になってからではなく、64歳11カ月で辞めたほうがおトクです。**

65歳までに会社を辞めた場合、雇用保険より次の仕事に就くまで90〜150日分の失業給付が受け取れますが、65歳以降に退職した場合は、「高年齢求職者給付金」

で、30日もしくは50日の手当てを一時金でもらうことになります。

両者を比べると、受け取れる金額に大きな違いがあるので、65歳になる前に退職して失業給付をもらったほうが断然有利です。

また、65歳になる前に会社を辞め、失業給付をもらう人は、特別支給の老齢厚生年金（65歳前に支給される厚生年金）との併給はできませんが、65歳以降に失業給付を受給する場合は、老齢厚生年金と両方受け取れます。**時期を選んで退職することで、失業給付と厚生年金の両方を受け取ることができるのです。**

ただし、失業給付の受給が可能な期間は退職日の翌日から原則1年です。あまり早い時期に退職してしまうと、受給できる期間が退職日から1年以内に入らず、残りの日数分が受給できなくなってしまいます。**そのためぎりぎりまで働いて、65歳にいちばん近い、64歳と11カ月での退職がベストな選択なのです。**

せっかく納めた「企業年金」をもらい忘れないで

企業年金は1カ月以上の加入でもらえる

最後に、サラリーマンがもらい忘れている年金があります。厚生年金と国民年金は同時に受け取る手続きをするので忘れることはないのですが、「企業年金」は専用の機関に、専用の書類で請求しないと受け取れないため、もらい忘れてしまう人が多くなっています。

企業年金は、それぞれの企業が独自に公的年金に上乗せしている年金で、10年間支払わなければ受給権が発生しない公的年金とは異なり、たとえ1カ月だけ加入していてももらえる年金です。**かつて働いていた会社に「企業年金」制度があれば、**

受け取れる可能性があります。

企業年金は受給の時期に通知があるはずですが、結婚して姓が変わった、引っ越して通知を受け取れないなどの影響で、もらい忘れしている人が約116万6000人もいるといいます（2021年3月末・企業年金連合会）。

もし心当たりがあれば、働いていた会社か、企業年金連合会に問い合わせてみましょう。将来受け取る年金が増えるかもしれません。

こんなケースは問い合わせを

企業年金制度の一つに「厚生年金基金」があります。厚生年金基金とは、かつて多くの企業によって実施されていた企業年金の制度で、国の厚生年金の一部を国に代わって給付し、さらに独自の上乗せ給付を行っていました。

厚生年金基金の加入者で2014年3月までに加入期間がおおむね10年未満で中途退職した場合は、企業年金連合会にその原資と記録が移換され、将来、企業年金連合会から年金が支給されます。

支給開始年齢到達後に本人が亡くなり、連合会からの年金がまだ支払われていないときは、遺族が一括して受け取れる場合もあります。問い合わせてみましょう。

現役の人も問い合わせＯＫ

「企業年金をもらい忘れているかもしれない」という人は、企業年金連合会のホームページに掲載されているフローチャートをたどってみてください。フローチャートのすべてが「はい」だったら、もらえるはずの企業年金を受け取っていない可能性があります。

以下の方法で問い合わせをしてみましょう。

1　電話でコールセンターに問い合わせる

企業年金コールセンター　０５７０－０２－２６６６。受付は平日9〜17時（土・日曜、祝祭日、年末年始を除く）。

2　インターネットで記録を確認する

企業年金連合会のホームページより、「企業年金連合会の年金記録の確認」にアクセスして、フォームに必要事項を入力すれば、記録を確認することができます。メールにて記録の有無を翌営業日に回答があります。

3　文書で問い合わせる

〒105－8799　東京都港区西新橋3－22－5　芝郵便局留　企業年金連合会　行

問い合わせの際には、氏名（結婚などで変わった場合は旧姓も）、生年月日、住所、年金手帳の基礎年金番号、厚生年金基金の名称及び加入員番号などが必要です。

詳しくは、企業年金連合会のホームページで調べるか、企業年金コールセンターに問い合わせてください。

家計 これだけはやっておこう

家計の支出を減らすために役立つのが節約です。
「これ以上の節約は無理」という家庭でも、
意外と無駄が隠れています。

物を持たず豊かに生きる「ミニマリスト」に学ぶ

やたらと物を買う時代は終わり

貯蓄を増やすには、節約することが大事です。「なんだ、節約か。節約するのは好きではないよ」とバブル時代を知っている人の辟易する顔が目に浮かびます。けれども、人生のほとんどを不景気で過ごしてきた若い世代には、もったいない精神が身についているので、無駄なものは買わない、生活をミニマムにすることがオシャレで合理的という風潮があり、見習う部分も多々あります。

すでに欲しいものは手にしているし、やたらと物を買う時代は終わりました。

これからは、着るもの、食べるものを厳選し、本当に好きなものしか持たない、本当にいいものしか食べないなどというふうに、自分の価値観に沿ったものだけに絞ると、お金は自然と貯まります。

少し前に、『フランス人は10着しか服を持たない』（大和書房）という本がヒットしました。10着では着回しが大変ですが、そのくらいの気持ちで**「いらないものは買わない」「衝動買いをしない」を心がけましょう。**

その日に消費する食べ物は別ですが、洋服やバッグ、時計、家電などを売り場で見て、欲しいと思ったときは、その場で買わずに一晩考えます。「それがないと暮らせないのか？」と考えると、ほとんどが必要ないものばかりです。

「あってもいいもの」は「なくてもいいもの」ということに気づきましょう。

毎日の買い物は優先順位が大事

大事なのは優先順位です。コンビニで、さほど食べたくもないスイーツやスナック、ドリンクなどを手にしている人の「なんとなく買い」は要注意。スーパーで買い物をするときも、**レジまでたどりついたら、買い物かごに入っているものの中で優先順位が低いものを1つ売り場に返せば、**1日200円ほどの節約になります。1カ月に10日買い物に行くとすると、この方法を実行するだけで月2000円、年間で2万4000円節約できます。

ネットでの買い物をし過ぎないようにするためには、**あらかじめネット通販で使ってもいい毎月の予算を、「3万円まで」などと決めましょう。**ネットは価格の比較ができるところがメリットです。家電などは実物を見てみないとわからない部分があるので、リアル店舗で型番を控え、ネットで価格を比較し、いちばん安いところで買うのが賢い方法です。

シンプルな機能のものや中古に注目

家電はさまざまな機能が付いているものではなく、シンプルな機能のものを選びましょう。実生活ではそれほど多彩な機能を使うことはないからです

また、**家電も車も型落ちを狙いましょう。**新しい機種が出たときの前モデルは、在庫せずに売り切りたいというメーカー側の事情があるので、安くなります。

リース車などを中古車として販売している車も狙い目。リースやレンタカーに使われていた車は、メンテナンスが行き届いているので、中古でも安心して乗れます。

マンションも新築と中古の物件の価格差は1〜3割あり、1割違ったら5000万円のマンションが4500万円。それだけでも住宅ローンはかなりラクになるでしょう。「1日住めば中古」と考えれば、新築にこだわる必要はありません。

このように節約のポイントは、**「安くて価値のあるものを探すこと」**です。

「資産の棚おろし」で老後資金の貯め方がわかる

老後資金を考えるうえでも必要

老後が不安なのは、全体像が見えないぼやっとしたものに思えるからです。必要な金額が具体的にわかれば、そこに向かってお金を貯めることができるので、不安が前向きな気持ちに変化します。

これから老後に向けてお金を貯めていくにあたり、最初に取り組んで欲しいのが、「資産の棚おろし」です。

「棚おろし」とは、商売をしている人が定期的に行う在庫管理の作業のことをいいます。これをわが家の資産の現状に当てはめて、**どんな種類の資産を、どのくらい**

●資産の棚おろしチェックシート

A 貯蓄	金融機関	種類	名義人	金額
	○○銀行	普通	宝島太郎	60万円
	○○銀行	定期	宝島太郎	500万円
	△△銀行	財形	宝島太郎	150万円
	○△信金	積立	宝島花子	200万円
	貯蓄合計			910万円

B 保険	保険会社	種類	被保険者	解約返戻金
	○○生命	終身	宝島太郎	60万円
	保険合計			60万円

C 不動産	場所	種類	面積	評価額
	埼玉	中古一戸建て	72㎡	
		土地	120㎡	2100万円
	不動産合計			2100万円

D その他	種類	名義人	数量	時価
	車	宝島太郎	1台	70万円
	宝石	宝島花子	1個	20万円
	その他合計			90万円

●資産合計（A+B+C+D）　3160万円

E 負債	借入先	種類	金利	残債
	○○銀行	住宅ローン	1.2%	900万円
	○○銀行	カードローン	14%	30万円
	負債合計			930万円

の金額持っているのか、1枚の紙に書き出してみるのです。

資産の内容は、A貯蓄・投資信託・株式などの残高や評価額の合計額、B貯蓄性のある保険の解約返戻金の額、C所有している不動産の評価額、Dその他は、車や貴金属、絵画など、所有していて売ったときに価値がある物の評価額です。そして、E負債にあたる借入金の合計額も出しましょう。住宅ローンや自動車ローン、キャッシング残高などがあれば、それらも足します。

A〜Dを足した合計額から、Eの借入金の合計額を引くと、今あるわが家の資産額が算出できます。**ポイントは、それぞれの資産の取得時の金額ではなく、現在の評価額で計算することです。**細かい数字までは出さなくてもいいので、ざっくり計算してみましょう。

資産の棚おろしをしてみると、「意外と貯蓄額が増えていた」「思っていたより資産を持っていた」ということに気づくかもしれません。また、「資産の中で不動産の占める割合が多いから、預金を増やさなくては」と対策を考えることもできます。

「こんなに資産が少ないのか」という結果になった人は、頑張って貯蓄を実行していきましょう。

介護・医療費などで1500万円を確保する

老後資金対策を考えるにあたり、まず必要になる介護・医療費用の額を計算してみましょう。介護には莫大なお金がかかりそうな印象があるかもしれませんが、介護保険を活用すれば、それほど高額なお金は必要ありません。

生命保険文化センターの「平成30年度　生命保険に関する全国実態調査」によると、介護に要した期間は約54・5カ月、月々かかる費用が約7・8万円、それに一時的にかかる費用の合計が69万円となっています。これをもとに計算すると、**実際にかかる介護費の平均は合計約494万円となり、1人約500万円かかることになります。これにより、夫婦2人なら1000万円程度と見積もれます。**

病気やケガをしたときも、健康保険の高額療養費制度があるので、それほど高額なお金はかかりません。例えば、70歳以上の一般的な収入の夫婦なら、世帯ごとの負担上限額は月5万7600円です。今は制度上、長期入院はしたくてもさせてもらえないので、入院しても7～10日程度。**2人で200万～300万円あれば対応できるでしょう。**

夫婦の介護費1000万円に医療費200万～300万円を足し、さらに、少し余裕を持って1500万円と見積もりました。以上のことから、私は、**老後に備えてとっておいたほうがいい介護・医療費の金額を1500万円と計算しています。**

現在持っている資産と退職金などから、この1500万円は捻出できそうでしょうか。自宅などの不動産は住み続けることが前提なので売るわけにはいきませんから、貯蓄が1500万円あるかどうか確認してください。すでに1500万円以上ある人は老後用の介護・医療費として確保しておきましょう。

まだ1500万円が確保できていない人は、足りない分を貯める計画を立てましょう。

年金だけで暮らせれば、老後資金はそれほどいらない

老後はできるだけ年金の範囲で暮らせるように、今から生活をコンパクトにする

ことも大事です。夫婦で年金が20万円もあれば年金だけで暮らせるため、それほど多くの老後資金は必要ありません。

まず、現在の1カ月の家計の状況を書き出して把握しましょう。家計簿をつけていない人は、1カ月の支出を書き出して見える化し、無駄な部分がないかをチェック。徐々に生活費をスリム化させていきます。

生活費が下がれば、年金生活に対応する準備となりますし、節約できたお金は、老後資金として貯められます。

資産の棚おろしを行うことと、1カ月単位で家計の状況を書き出すことの2つを実行すれば、老後資金の貯め方の指針が得られて、年金の範囲で暮らす自信がつきます。

これを50代のうちにやっておけば、老後に向けて感じる不安の度合いを減らすことができるでしょう。

スマホの「料金見直し」をしないと損がずっと続く

大手から2000円台の新料金プランが登場

家計の中でも、大きく増えているのが通信費です。世帯あたりの「スマホなどの通信・通話料」は平均で月1万638円、「インターネット接続料」は平均で月3515円、世帯主が50～54歳では、それぞれ1万5469円、4472円と高くなっています（総務省統計局『家計消費状況調査（2020年）』より）。

家計費を制するには、まず、通信費の見直しが急務です。

政府は以前から、大手通信会社の料金がわかりにくく割高だと指摘し、改善を申し入れていました。そこで、大手通信会社3社は、2021年3月に月額料金が

2000円台となる格安の新料金プランの提供を開始しました。ドコモの「ahamo」、ソフトバンクの「LINEMO」、KDDIの「povo」がそれです。**新料金プランのいちばんの特徴は、オンライン専用であることです。**申し込みからスマホの設定、トラブル時にも手続きはすべてLINEやアプリなどのオンラインで行うことが前提で、リアル店舗や電話サポートの利用料は含まれません。サポートが必要な場合は、別途料金が発生するシステムとなりました。

オンラインで手続きができて、通話をあまりせず、データ利用がメインという人は、新料金プランに乗り換えると劇的に安くなります。

現在の料金プランの中身を確認

スマホの料金の中身を大きく分けると、通話料、データ通信料、オプション料の3つになります。今の料金プランのまま継続する場合は、毎月の請求書の内訳を見ながら、ひとつひとつの項目に無駄がないかチェックしていきましょう。

周辺の編集者に調査したところ、ネット操作には長けているのに、「面倒なので新プランに乗り換えていない」という人が多々いました。これは毎月3000円ぐらいドブに捨てているのと同じ行為なので、もったいない話です。

料金がかかっているのに使っていないサブスクのサービスやアプリは、よく精査して解約を。ひとつひとつの料金は数百円でも、数が多くなると大きな出費になります。

格安スマホも料金改定で大手に対抗

もちろん、**大手通信会社から格安スマホに乗り換えれば、通信費は大幅に下がります。**それまで大手で月8000円だったスマホ代が2000円程度に下がることもめずらしくありません。そしてそれがずっと続くと考えると、節約の効果は絶大です。格安スマホは、大手から回線や設備を借りて運営しているため、通信費を下げて提供することができています。同じ回線を使っているので、通信の質自体が下がるものではなく、これまでと同様に使えます。

格安スマホはイオンやビックカメラなど店舗があるところは別として、窓口対応がないので、トラブル時には自分で調べて対応できる人に限りますが、それほど不自由なことではなさそうです。

楽天モバイルからは、データ使用量1GB以下は通信料がゼロ円という、衝撃の新プランも出ました。自分の使い方や使いたいサービスによって、それぞれおトクなものを選ぶ時代になっています。さまざまな情報を集めて、検討する価値があるのが通信費の見直しです。

スマホの使い方でも節約を心がける

料金プランの見直しと同様に、使い方も見直してみましょう。

スマホなどの通信を行うときは、なるべくWi-Fiを使うことを心がけましょう。大容量の動画視聴やデータをダウンロードする場合はデータ通信量が増えるので、**Wi-Fi**環境があるところで見る習慣をつけましょう。**Wi-Fi**があれば、LINEやスカイプなど同じ無料通信アプリが入っている人同士の音声通話、ビデオ通話が無料で使えます。

「もらえるお金」をもらい損なうのはもったいない

もらえるお金は見逃さずに手続きを

私たちは、健康保険料や年金保険料などの社会保険料を払うことで、さまざまな保障が受けられることは前述してきました。それに加えて、国が行っている制度や施策を利用することができますし、住んでいる自治体のサービスも受けることができます。**正確な情報を得て、現行の制度を活用していくことは、現役時代にも、老後の生活でも大事なことです。**

誰もが加入している健康保険の**高額療養費制度**は、医療機関や薬局で支払った金額が1カ月の上限額を超えたら、超えた分のお金が戻ってくる制度です。上限額は年齢や所得によって異なります。69歳以下で、年収約370万～770万円の場合は、1カ月の上限額は8万～9万円程度になります。

高齢となる、70歳以上の高額療養費は、一般所得者の年収156万～370万円の場合、1カ月の外来の個人ごとの上限額が1万8000円、世帯ごとの上限額が5万7600円となります。1人分の窓口負担が上限額を超えなくても、複数の受診や同じ世帯の人の受診は合算することができます。さらに、過去12カ月以内に3回以上上限額に達した人は、4回目からの上限額が4万4400円に下がります。

介護が必要になったときは、介護保険の制度が使えます。介護認定の度合いに合わせた支給限度額まで介護サービスを受けることができます。このときの自己負担額は1～3割です。介護保険で利用できるサービスには、施設に入居して受けるサービス、施設に通うことで受けるサービス、在宅で受けるサービス、福祉用品のレンタル、手すりなどの自宅の修繕などがあります。

公的年金に加入していると、老後に受け取る老齢年金だけではなく、事故や病気などで障害をおったときに受け取れる障害年金や、生計を支える家族が亡くなった

場合に出る遺族年金もあります。

そのほかにも、子どもが生まれたら**出産育児一時金**や**児童手当**、失業したら**失業給付**、災害に遭ったら**被災者生活再建支援制度**、人が亡くなったら**埋葬費**など、さまざまな手当、助成金があります。

自治体ごとに予算をとり、独自にもらえるお金を制度化している場合もあります。例としては、子育て支援パスポート、生垣緑化助成、UIJターン支援、家賃補助、エコ助成金など。居住地の自治体でもらえるお金がないか、探してみましょう。

公的な窓口はあなたのために開いている

生活が苦しいときや困ったことがあったときには、まず、公的な窓口を頼りましょう。専門家に相談すると、割高なアドバイス料がかかる場合もあるので、市区町村の窓口で相談できるところがないかを聞いたり、地域の社会福祉事務所に相談に行ってみましょう。介護の問題なら、居住地域の包括支援センターで相談ができます。住民の起業を支援している商工会議所にも相談窓口があります。

自治体では、無料で生活相談や法律相談を行っており、各地の弁護士会が無料相談を行うケースもあります。

弁護士に相談したいけれど費用が払えないという場合は、「法テラス」（日本司法支援センター）へ。**ここでは収入・資産などが一定以下の方を対象に、無料の法律相談を実施しています。**「法テラス」は、国によって設立された法的トラブル解決のための「総合案内所」です。問い合わせに応じて、一般的な法制度や手続き方法、適切な相談機関に関する情報を無料提供しています。

利用できるものは何でも使う

このような情報は、市報やホームページなどにあります。「知らないこと」は「もったいないこと」です。**補助金や助成金は、待っているだけでは支給されないので、積極的にアプローチすることが大切です。**そうすることで生活が少し便利になったり、困り事が解決できるなら、利用できるものは何でも利用しましょう。

「夫のお小遣い」を減らすのはおやめなさい

一向に上がらない夫のお小遣い

新生銀行の「2021年サラリーマンのお小遣い調査」が発表されました。この調査は40年以上続く歴史ある調査で、私は毎年、発表を楽しみにしており、今回、新型コロナウイルスの影響で支出がどう変わったのか、興味深いデータが出ましたので紹介します。

男性会社員のお小遣いは2020年の3万9419円から709円減少して3万8710円となり、東日本大震災のあった2011年と同水準になりました。年代別に見ると、20代が最も高く4万5581円、次いで30代で4万7710円となり、ともに4万円を超えていますが、40代と50代は3万円台前半〜半ばと世代間で差が出る結果となりました。子育てや教育費の家計への負担が重い40〜50代のお父さんのお小遣い額は、年々、泣く泣くカットされているのでしょう。

一方、女性会社員のお小遣い額は、2020年より5441円上昇し、3万4398円となりました。

男性会社員の昼食代は649円（前年比64円増加）、女性会社員は590円（前年比7円増加）です。**ランチもワンコインでは難しい様子がうかがえます。**コロナ禍で夜の外食ができない状況なので、せめてランチは外食したいという気持ちはわかります。飲食店を助けるためにも、コロナに配慮しながら、外食でのランチをお願いしたいところです。

コロナ禍による支出変化として、支出が増えたものは「水道光熱費」が男女ともトップ、支出が減ったものは男女共に「旅行代」「飲み代」「ファッション費用」です。ステイホームやテレワークの浸透や外出自粛による影響が特定の支出項目に影響した形です。飲み会に行かないライフスタイルに慣れてしまい、コロナが落ち着いても外食産業の復活は遠いことが懸念されます。

一方、知り合いの編集者は会社の方針で完全テレワークとなり、腰痛防止のためデスクとグレードの高い椅子を奮発して購入したそうなので、コロナで新しい需要も生まれています。実感はありませんが、ニュースによると、２０２１年３月決算で、業績修正をした上場企業のうち、75・３％が上方修正をしました。**２０２１年は思っていたより儲かったという企業が多い様子がうかがえます。**

これらのデータとあなたのお小遣いを見比べて、どのような感想を持ったでしょうか。

夫のお小遣いを減らすより先にやることがある

それにしても、サラリーマンのお小遣いの額は、デフレに比例し、数十年一向に上昇に転じません。「デフレで給料が上がらないし、物価も下がっているからといって、小遣いまで下げるなよ」という夫の嘆きが聞こえてくるようです。

家計が赤字だと節約にも力が入るところでしょうが、**いきなり夫のお小遣いカッ**

トはやめましょう。

なぜなら家計を健全に保つためには、夫婦の協力が不可欠だからです。結婚当初はぴたりと合っていたお金に対する価値観が徐々にズレてくると、夫婦間に亀裂が生じ、そのうちお互いのお金の使い方や行動を非難し合うようになって、**円満な家庭を築くことができず、やがては離婚!?**――これは大げさな話ではありません。

前述した無駄な保険の見直しやスマホを格安キャリアに乗り換えるだけで、夫のお小遣いを減らさなくても済みます。お互いの趣味の出費は、相談して納得すれば少しは減らせるかもしれません。

また、ご縁を大切にするための交際費カットもやめたほうがよいでしょう。「遠くの親戚より近くの他人」とはよくいったもので、困ったときに助け合える人間関係を作っておくことが大切なのは、これまでの人生経験からもわかるはずです。

貯蓄

これだけはやっておこう

家計を見直したら次に取り組むべきことは貯蓄です。
投資を考える前に借金を返すなど、優先順位もあります。
お金をどのように貯めたらよいのかを指南します。

デフレ下のセオリーは「借金減らして、現金増やせ！」

デフレ下では現金を持つ者が強い

バブル崩壊以降、私がずっといい続けてきた家計管理の鉄則は、**「借金減らして、現金増やせ！」**です。あまりにも「現金を持ちなさい、現金を増やしなさい、現金が大事よ！」と強調し過ぎて、「キャッシー・荻原」（キャッシュ＝現金のこと）と呼ばれるようになりました。

「借金減らして、現金増やせ！」は、経済状況がデフレ下での鉄則です。

デフレとは、物価が下がり続けて商品やサービスの価格が下落していく状態で、物が安く買えるため家計には嬉しいのですが、同時に収入も下落していくため、経済活動が活性化しません。

デフレ下では、時間が経つにつれ商品の価値が下がり、現金の価値が相対的に上がるので、現金を持っていたほうが強い。一方、借金の価値は相対的に重くなります。つまり、デフレ下の今は、「借金減らして、現金増やせ！」が理に適っているのです。

デフレ脱却政策は機能していない

実は、「借金減らして、現金増やせ！」を実行してきたのが、バブル以降の日本の企業です。バブルで抱えた不良債権の処理が終わってからは、とにかく内部留保を増やしていき、２０１９年度の日本の企業全体の内部留保額は４７５兆円超もありました。**コロナ禍でも大企業がびくともしないのは、内部留保をたくさん蓄えているからです。**家計においてもこのような企業を見習い、借金を減らして現金を蓄えることは実行するべきでしょう。

日銀はデフレから脱却しようと金融緩和政策をとっていますが、企業は内部留保がたっぷりあるので、銀行から事業拡大や設備投資のための融資を受けません。日銀が銀行経由で企業にお金を回したくても、企業はお金が必要ないので、銀行から外にお金が出ていかずに目詰まりを起こし、当座預金に積まれたままの状態です。

いまだ銀行は融資する企業が見当たらず、国債も低金利で買えず、上がり過ぎた株はいつバブルが崩壊するかわからず、お金の行き場がなくなって身動きできない状態です。こんな状況では、今後もしばらくデフレから脱却できないでしょう。

インフレ対応は「デフレ脱却宣言」が出てから

麻生太郎財務大臣は２０２０年度一般会計決算で税収が想定を超えて増加したことについて、「コロナ禍ではあるが、景気としては悪い方向ではない」との認識を示しました。しかし、「史上空前の60兆円超え」といわれた税収の中身を見てみると、税収が上がっているのは消費税です。

消費税は、日本国民に広く負担を求める税金です。倒産しそうな会社も低所得の人も払う税金です。本当に景気がいいのなら、利益が出た会社や収入のある人が払う法人税や所得税が上がるはずなので、決して景気がよくなっているわけではありません。

消費税を払っているうえにコロナ禍で収入も減っているので、家計は苦しくなるばかり。どんどん物を買わない方向になっています。

当分この状態は続くので、インフレになったときの対応を考えるのは、日銀がデフレ脱却宣言をしてからでも十分間に合います。

「先取り貯蓄」に勝る〝貯めワザ〟はない

銀行口座を金庫代わりに使う

今は、現金をしっかり持つことが大事です。定期預金の金利が0・002％になったのは衝撃でしたが、日銀がマイナス金利政策をとっているので、低金利なのは仕方ありません。

現金は、銀行口座を金庫代わりにして保管しておきましょう。

デフレ下では、今年1万円で買える商品が来年は9500円になっています。現金のまま置いておいても、実質的にはお金が5％増えているのと同じ効果があるのです。**金融機関が破綻することが心配な人は、預金保険機構で保護される元本**

1000万円＋利息（1行につき、1人あたり）に分けて、複数の銀行に入れておきましょう。メガバンクはすぐに破綻することはなさそうです。

注意すべきことは、銀行の窓口で「定期預金に預けても金利は付きませんよ」と、投資信託や保険商品を勧められることです。うっかり買ってしまうと、一生バカを見ます。ここは頑なに「増えなくても減らない」ほうを選んでください。

タンス預金にもリスクがある

銀行では金利が付かないからと、タンス預金をしている人がいますが、タンス預金にもリスクがあることを理解しておいてください。

まず、タンス預金があると、振り込め詐欺に引っかかる可能性が高くなります。手元に現金があると、すぐに犯人に手渡ししてしまったり、近くのＡＴＭから振込みをしてしまうのです。しかし、銀行に預けておけば、ＡＴＭからの引き出しも、振り込みも限度額があります。不審な行動をすれば銀行員が声をかけてくれるので、途中で詐欺に気づく機会が増えます。

また、タンス預金は盗難リスクや火事リスクもあります。そしてタンス預金を家族に言わずに亡くなった場合、気づかれずに遺品整理されてしまうこともあります。銀行に預けておけば、口座にあるお金はすべて家族が認識でき、相続時に気づかないという事態にはなりません。

貯蓄の王道は「先取り貯蓄」

確実に貯蓄をしたければ、給料が入ったらすぐに毎月一定額を積み立てましょう。これを**「先取り貯蓄」**といいます。生活費を使ってから残った分を貯めるやり方では、一生貯蓄ができません。

先取り貯蓄の理想額は、手取り額の2割以上。しかし、ほとんどの世帯で2割は厳しいと思われるので、せめて1割は確保したいところです。

勤務先に給料から天引きする社内預金や財形貯蓄制度があれば、銀行口座に入金される前に貯蓄できるので、先取り貯蓄としては最強です。

社内預金は、労働基準法により金利0・5％以上と決まっているため、預金の中ではいちばん有利です。財形貯蓄制度は従業員の貯蓄を後押しする制度で、国と会社が連携し、提携する金融機関へ給料の一部を積み立てて貯蓄するもので、一般財形、財形住宅、財形年金の3種類があります。今は金利が低いため、財形住宅、財形年金の元本550万円までの非課税枠もほとんど意味がないので、流動性のある一般財形を選びましょう。

ただし、会社にあまり依存したくない、この先転職をするかもしれない人は、給与振込口座から自動振替で積み立てられる自動積立定期預金にしましょう。振替日を給料日の当日か1日後に設定するのがポイントです。

やってはいけないのが、給与振込口座から預金金利のいい銀行に預け替えようとすること。1回目はお金を移しても、3回目ぐらいから続かなくなります。**お金を貯めたければ、自動的に貯まる仕組みで強制的に貯める。金利よりも元本の貯めやすさのほうが優先です。**

一刻も早く借金を返し、新しい借金をしない

繰り上げ返済は投資よりずっとおトク

まずは、キャッシングやリボルビング払いを利用している人は、貯蓄よりも先に返済をしてください。リボ払いの高い金利を払いながら、先取り貯蓄をしている人をよく見かけますが、これは本末転倒な話です。

住宅ローンは、キャッシングに比べると金利は低いですが、返済期間が長いので、繰り上げ返済をするとかなりの効果が得られます。

例えば、100万円の繰り上げ返済で残債が120万円減るとしたら、20万円の利息を払わないで済むということ。**100万円が確実に120万円になる投資はあ**

りません。住宅ローンの繰り上げ返済は失敗がなく、投資よりもずっとトクです。

住宅ローンの繰り上げ返済には、「返済額軽減型」と「期間短縮型」の方法があります。返済するときは利息がより多く減らせる「期間短縮型」を選びましょう。

中には借入期間35年ローンで借りて、定年を過ぎた70歳まで住宅ローンの返済が続く人もいます。住宅ローンの返済が老後まで食い込んでいる人は、どんどん繰り上げ返済をして、返済期間を短くしないと、老後に収入が減ったときに返済が厳しくなります。

いちばんの理想は、たとえ預金ゼロでも50歳までに住宅ローンを完済していること。**50歳でプラスマイナスゼロなら勝ち組**です。完済すれば年150万円程度（住宅ローンの返済額が月額12万円の場合）が老後資金としてしっかり貯められます。

また、50代になれば子どもから手が離れ、パートだった妻がもっと働けば世帯収入を増やすことができます。妻の年収のうち貯蓄へ50万円を回せれば、合計で年間200万円、10年で2000万円が貯められます。

このように、借金を早く返して、貯蓄に専念できる期間が長くとれるようにすれ

ば、老後資金の心配がなくなります。

キャッシング、リボ払いはNG！

クレジット会社は1回払いよりも、高い金利手数料がかかるリボ払いを勧めてきます。通常のクレジットカードよりポイントが多く付くリボ払い専用カードを作りやすくしたり、返済日の前にリボ払いに変更できる「あとからリボ」などの方法もあり、注意しないとついリボ払いを選んでしまいそうな仕組みになっています。

テレビCMの影響で「キャッシング」で「気軽にお金を借りられる」というイメージを持ってしまうのもよくありません。最初は生活費が苦しいからと気軽にキャッシングしてしまい、返済額が膨れ上がるケースもあります。

クレジットカードを使うときは、キャッシングはしない、リボ払いで物を買わない、分割払いでも手数料がかかる払い方はしない、を徹底しましょう。1回払いで買えないものは買ってはいけません。

車は現金で買うことが鉄則

ローンを組んで車を買う人もいますが、その際にも金利がかかります。現金で買えないのだったら、今は買わない。カーシェアやレンタカーで我慢する。それでも買いたいときは、現金で買える範囲の中古車を探しましょう。

車やエステはローンが簡単に組めて抵抗感が薄いのですが、ローンは「借金」、クレジットは「月賦」、キャッシングは「寸借り」です。日本語に訳すと、どれも破綻を連想する言葉です。

借金は雪だるま式に増えていくので、くれぐれも注意してください。

「自分に投資」で、目指せ！ハイリターン！

投資で成功する確率は限りなく低い

投資とは、「自分のお金を出資し、事業や運用がうまくいけば出資した額より多額で戻り、うまくいかなければ出資した額より減額する、もしくはパーになる」というものです。必ず増えて戻ってくるのなら投資したほうがよいのですが、減る可能性もあるので、すべての人に勧められることではありません。

投資が難しいのは、さまざまな金融商品があり、知識のない人には仕組みがわかりにくいことです。「小遣い程度でいいから儲けたい」「漠然と将来が不安」という気持ちにつけ込まれ、「老後に必要な資金を投資で増やしましょう」という誘い文句に乗ってしまった無知な初心者は、投資で失敗する確率が高いです。**なぜなら、これまでの人生の中で投資教育を受けていないからです。**

本書の第一部で「買ったら一生バカを見る金融商品」を説明しましたが、中身がわからないのに勧められてうっかり買ってしまったら、あなたの投資が成功する確率は限りなく低くなります。

私は「投資をするな」というつもりはありません。ただし、**投資だけが素晴らしく、明るい未来を作る特別なものという教えに、私は反対します。**余裕があるのならば、パチンコ、競輪・競馬と同様に、投資をしましょう！　資金に余裕がある人は、ご自由に、楽しく勝負していただいてよいのです。

投資をするなら、家計に影響しないお金で

私が「投資なんか、おやめなさい」と口がすっぱくなるほどいっても、やりたい人はやるものです。

投資をするのであれば、家計とは別枠で取り組みましょう。家計に影響しないお

金なら増減しても普段通りに生活できます。

投資に回してもいい100万円ほどのプール金を作り、その範囲で投資できるものを買って、「増えたらラッキー、なくなったら終わり」というスタンスで運用するのは、何の問題もありません。

投資先は、運用を人任せにする投資信託より個別株を自分で選んで買ったほうが勉強になります。株価がどのように推移するかはわかりませんが、**個別株に投資することで、経済動向や社会の流れに興味を持てるようになります。人任せでなく、自己責任で投資することがポイントです。**

銘柄が選べない人は、日経平均株価などの指標に連動するインデックスファンドは購入してもよいですが、ファンドマネジャーが銘柄を決めて投資するアクティブファンドはやめてください。運用をファンドマネジャーに任せてしまうと、失敗しても人のせいで終わってしまいます。

投資をするならネット証券がよいでしょう。ネット証券は、営業マンにセールスされることがなく、取引手数料が安いのが魅力です。間違っても、証券会社の支店の窓口に行かないようにしてください。いろいろ営業セールスされて、自分の判断では買えなくなってしまいます。

いちばん有効な投資は、自分に投資すること

投資の中でいちばんリターンが高いのは自己投資です。

これから自己投資するなら、パソコン技術の習得はしておいたほうがよいでしょう。パソコンが苦手な人はちゃんとできるようにする、技術を持っている人は錆びないように新しい技術を学ぶなど、小学校でもプログラミングの授業があるほど、その技術は求められています。

語学は優秀な翻訳機が出始めているので、今は語学よりパソコンスキルをアップしたほうが効率がよさそうです。

自分に投資するなら、自分を信じて、ハイリターンを狙いましょう！

あとがきにかえて

改めて、「投資なんか、おやめなさい」そして、「長く働ける自分でいましょう」

本書では、第一部で「これだけは買ってはいけない・やってはいけない」ことを、第二部で「これだけはやっておこう」を書きました。「×」ばかりでは救いがないと思い、解決法である「○」と「◎」も紹介いたしました。

今、皆さんが「投資をやりたい」「投資をしなければ」と思うのは、切羽詰まった気持ちからではなく、単に「月に数万円、小遣いとして不労所得を得たい」「仕事よりラクにお金を得たい」「儲かっている人が羨ましい、自分もお金持ちになりたい」と思っているだけではないでしょうか。

そんな気持ちにつけ込んで、国と金融機関が結託し、「老後資金が足りない分、投資をして自分で年金を増やしましょう」とのキャンペーンをし、iDeCoやNISAを作りました。

しかし、国が税金を安くするときには、必ず裏事情があります。

それは、ますますの高齢社会になり、社会保障が維持できなくなることが予想され、国民により強く「自己責任」や「自助努力」を求めているのです。


投資が好きな人は、ぜひ、投資の腕を磨いてください。好きこそものの上手なれといいますから、熱心に勉強すれば、よい成績があげられるかもしれません。

けれど、大半の人は、夢中になるほど投資が好きだということではないでしょう。

投資の世界はそんなに甘くないことも知っているはずです。


それなのに、銀行や証券会社から勧誘があると、投資初心者はその気になって、窓口へなけなしのお金を握りしめて向かい、「何を買えばいいの?」と聞きます。

すると窓口の女性が、「ハイリスク・ハイリターン」「ミドルリスク・ミドルリターン」「ローリスク・ローリターン」の3つを説明しながら、具体的な金融商品を提示するでしょう。その中から、多くの人は、必ずといっていいほど「ミドルリスク・ミドルリターン」の商品を選びます。

人は、3つ提示されると真ん中を選ぶ傾向があり、結局は、相手が買わせたいものに誘導され、購入してしまいます。

まるで、カモがネギを背負って鍋に飛び込んでいるようなものです。

これを「投資している」とはいえないでしょう。

では、老後の自己責任をどう取るか。

それは、いつどんなときも働けるように、今から準備しておくことです。人生100年時代が現実となった今、定年後のライフプランを考え、高齢になったときにも働き続けられるスキルを身につけ、稼ぐためのネットワークを作っておくことです。仮に年金受給が70歳からになっても、フルタイムでなくてもよいから75歳まで働ける選択肢を担保しておけば、老後資金はそれほど必要ではありません。

何よりも、働くことで得られる「喜び」や「達成感」を、あなたはわかっているはずです。

働いて収入を得る喜びはもちろんですが、働くことで誰かに必要とされ、誰かを助け、誰かから感謝をされ、誰かから愛されることで、自分らしさを保ち続けることができます。

人生は一度きり。「やりたいことをやらずに死ぬリスク」だけはとらないようにしたいものです。

本文DTP：G-clef
カバー・帯デザイン：五藤友紀
編集：坂本君子、生島典子
写真：伊藤 幹

荻原博子（おぎわら・ひろこ）
1954年、長野県生まれ。経済ジャーナリスト。大学卒業後、経済事務所勤務を経てフリーの経済ジャーナリストとして独立。テレビ、新聞、雑誌でレギュラーや連載を多数持ち、生活者の視点から、難しい経済と複雑なお金の仕組みをわかりやすく解説。デフレ経済の長期化を予測し、借金返済の必要性を説き続ける。近著に『私たちはなぜこんなに貧しくなったのか』（文藝春秋）、『50代で決める！最強の「お金」戦略』（NHK出版新書）、『コロナに負けない！荻原博子の家計引きしめ術1（毎日新聞出版）、『投資なんか、おやめなさい』（新潮新書）など、著書多数。

宝島社新書

買ったら一生バカを見る金融商品
（かったらいっしょうばかをみるきんゆうしょうひん）

2021年10月22日　第1刷発行

著　者　荻原博子
発行人　蓮見清一
発行所　株式会社宝島社
〒102-8388 東京都千代田区一番町25番地
電話：営業　03(3234)4621
編集　03(3239)0646
https://tkj.jp
印刷・製本　中央精版印刷株式会社

ISBN 978-4-299-02115-1